world of ERiC CARLE

DK

La oruga muy hambrienta

MI PRIMERA ENCICLOPEDIA DE ANIMALES

La oruga muy hambrienta

MI PRIMERA ENCICLOPEDIA DE ANIMALES

Contenidos

Todo sobre los animales

Mamíferos maravillosos

Aves geniales

Reptiles y anfibios extraordinarios

DK | Penguin Random House

Autora Andrea Mills
Edición Rona Skene
Diseño Bettina Myklebust Stovne

Diseño adicional Charlotte Milner, Hannah Moore
Edición adicional Kieran Jones

Asesoramiento Cathriona Hickey
Edición ejecutiva Jonathan Melmoth, Marie Greenwood
Edición ejecutiva de arte Diane Peyton Jones
Edición de producción sénior Nikoleta Parasaki
Control de producción Isabell Schart
Documentación iconográfica Rituraj Singh
Coordinación editorial Issy Walsh
Subdirección de arte Mabel Chan
Dirección editorial Sarah Larter

De la edición en español:
Servicios editoriales Miguel Ángel Mazón
Traducción Manuel Barroso López
Coordinación de proyecto Marina Alcione
Dirección editorial Elsa Vicente

Publicado originalmente en Gran Bretaña en 2023 por Dorling Kindersley Limited DK, 20 Vauxhall Bridge Road, Londres, SW1V 2SA Parte de Penguin Random House

Peces fantásticos

Invertebrados increíbles

Actividades animales

Título original:
The Very Hungry Caterpillar''s Very First Animal Encyclopedia

Primera edición: 2023

Reservados todos los derechos. Queda prohibida, salvo excepción prevista en la ley, cualquier forma de reproducción, distribución, comunicación pública y transformación de esta obra sin la autorización escrita de los titulares de la propiedad intelectual.
ISBN: 978-0-5939-7063-8
Impreso y encuadernado en China

MIXTO
Papel | Apoyando la silvicultura responsable
FSC™ C018179

Este libro se ha impreso con papel certificado por el Forest Stewardship Council™ como parte del compromiso de DK por un futuro sostenible. **Para más información, visita** www.dk.com/our-green-pledge

www.dkespañol.com

La oruga muy hambrienta. MI PRIMERA ENCICLOPEDIA Copyright © 2023, Penguin Random House LLC. El nombre y el logotipo de la firma de ERIC CARLE, y el logotipo World of Eric Carle son marcas registradas, y LA ORUGA MUY HAMBRIENTA y el logo de la ORUGA son marcas registradas de Penguin Random House LLC. Esta edición se ha publicado con el acuerdo de World of Eric Carle, un sello del Penguin Young Readers Group, división de Penguin Random House LLC. Reservados todos los derechos, incluidos el derecho de reproducción en todo o en parte en cualquier forma.

Todo sobre los animales

Elefante

Hormigas

Seres vivos

Nuestro mundo está lleno de vida. Solo tienes que mirar los árboles imponentes, las flores bonitas y la hierba verde que crecen por todos lados. Hay animales grandes y pequeños, desde las ballenas gigantescas a las diminutas termitas y, por supuesto, los humanos como nosotros. Así que, ¿qué significa estar vivos de verdad?

¡Eso sí que es vida!

Todos los seres vivos comparten algunos rasgos importantes. Todos respiran aire, crecen y pueden crear nuevas vidas. También necesitan alimentos y agua para seguir vivos.

La energía de las plantas

Las plantas son seres vivos, pero no son animales. Necesitan absorber agua para sobrevivir. Utilizan la luz del sol para crear energía que les ayude a crecer. Producen semillas que crecen y se convierten en nuevas plantas. A diferencia de la mayoría de los animales, las plantas no pueden ver ni oír, y no pueden moverse por sí mismas.

Animales asombrosos

Todos los animales se mantienen con vida bebiendo agua y alimentándose de plantas o de otros animales. Casi todos ellos tienen ojos para ver y orejas o sensores para oír. Tienen lengua para saborear o antenas para percibir. Pueden mover el cuerpo. Las crías de algunos animales se desarrollan en su interior, mientras que otros ponen huevos que eclosionan y de allí salen sus crías.

Polluelo

El reino animal

El mundo de los animales está repleto de criaturas distintas, como tú. Los científicos clasifican a los animales en grupos para facilitar su estudio.

Familias de animales

Todos los animales pertenecen a un grupo mayor llamado reino. El reino se divide en grupos cada vez más pequeños, hasta que uno de ellos contenga un solo tipo de animal al que se llama especie.

Invertebrados

A los animales sin columna vertebral se les llama invertebrados. Su cuerpo suave y blanducho a menudo está recubierto de un caparazón o un esqueleto exterior.

Estrella de mar

Medusa

Lombriz de tierra

Equinodermos

Las estrellas de mar, los erizos de mar y los pepinos de mar pertenecen a este grupo.

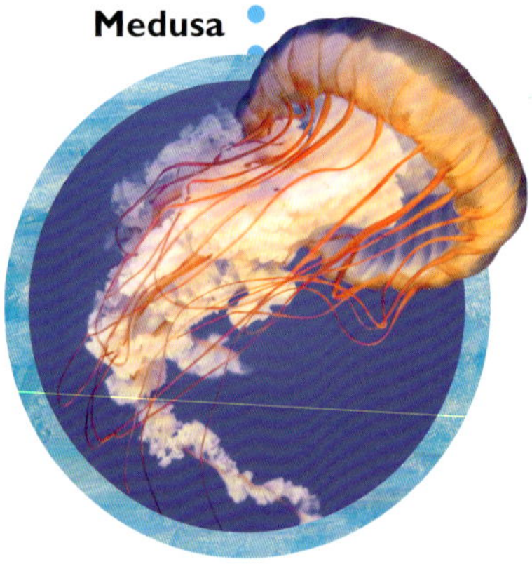

Cnidarios

Entre estas sencillas criaturas marinas se encuentran las medusas, los corales y las anémonas.

Gusanos

Los platelmintos y las ascárides son especies de este grupo de gusanos sinuosos.

Mariquita o catarina

Caracol

Artrópodos

Forman parte de este grupo los insectos, las arañas, los escorpiones y los cangrejos.

Moluscos

Las babosas, los caracoles y los pulpos son todos ellos tipos de moluscos.

Las ballenas jorobadas son mamíferos.

A los animales que tienen columna vertebral se les llama vertebrados. Aunque comparten este rasgo, los miembros de los cinco principales grupos tienen un aspecto muy diferente los unos de los otros.

Hasta ahora se ha puesto nombre a dos millones de especies distintas, ¡así que no intentes contarlas!

Mono ardilla

Mamíferos

En este grupo están los osos, los elefantes, las ballenas ¡y también los seres humanos!

Pez payaso

Peces

Entre estos nadadores superestrellas encontramos a los tiburones, las rayas y los peces payaso.

Tortuga marina

Reptiles

Las tortugas marinas, las tortugas terrestres, las serpientes y los cocodrilos pertenecen a este grupo.

Cardenal

Aves

En este grupo de animales con plumas se encuentran las águilas, los pingüinos y los patos.

Rana

Anfibios

Las ranas, los sapos y los tritones están todos en el grupo de los anfibios.

Alto y bajo

Los animales viven en todo el mundo, ya sea en alturas mareantes o en el suelo de los bosques. Instalan su hogar en los picos de montañas nevadas, en lo más profundo del subsuelo y en cualquier lugar entremedio de esos dos.

Zorzal maculado

Ardilla roja

Topo

Bosques salvajes

Los distintos tipos de bosque son un gran hogar para los animales. Las aves anidan en las copas de los árboles frondosos, las ardillas saltan de rama en rama y los insectos corretean por el suelo entre las hojas caídas.

Bajo tierra

Algunos animales escarban túneles en el subsuelo por seguridad. Los conejos crean una red de madrigueras llamada conejera, mientras que los tejones cavan hogares llamados tejoneras. Las lombrices de tierra se alimentan de la generosidad del suelo, ¡pero se arriesgan a convertirse en la cena de topos hambrientos que perforan la tierra en busca de su golosina favorita!

Águila

Viviendo por todo lo alto

La araña saltarina del Himalaya vive en las laderas del monte Everest, la montaña más alta del mundo.

Montañas poderosas

Los animales de las montañas tienen que ser resistentes para sobrevivir entre las rocas, el frío y el viento. Las águilas surcan los cielos, los leopardos de las nieves se camuflan con el entorno y las cabras monteses saltan con facilidad sobre grietas y salientes.

Leopardo de las nieves

Cabra montés

Tejón

Conejo

Lombriz de tierra

Bajo el océano

A los distintos niveles del océano se les llama zonas. Van desde la zona bañada por el sol hasta las profundidades más oscuras.

Delfín

Pez espada

Medusa

Pez bruja

Mundo acuoso

El planeta Tierra parece azul desde el espacio a causa de sus inmensos océanos. Bajo la tranquila superficie marina hay un mundo submarino que flota con una increíble fauna de todo tipo.

Zona soleada

Gracias a los rayos de sol la capa superior del océano es cálida, luminosa y abunda la comida, como pequeños peces y algas.

Zona crepuscular

A este nivel llega menos la luz solar, así que el agua está más fría y oscura. Muchos animales de esta zona tienen los ojos grandes para poder ver mejor en la oscuridad.

Zona de medianoche

En esta zona oscura, los animales tienen que soportar la presión que ejerce toda el agua de las zonas superiores.

Abisal

No hay muchos animales que vivan a tanta profundidad debido a la extrema presión del agua y el frío glacial. ¡Brrr!

Hadal

Aquí no vive casi ningún animal porque en el lecho marino no hay nada que comer, excepto unos pocos desperdicios y unos diminutos seres vivos llamados bacterias. Está completamente oscuro, de modo que ¡algunos animales del hadal no tienen ojos!

Tortuga marina

Calamar

Los océanos cubren aproximadamente el 70% de la superficie de la Tierra.

Cerdo de mar

Los gigantescos gusanos de tubo se alimentan de las bacterias que se congregan alrededor de las fumarolas calientes.

Las fumarolas del lecho marino liberan agua con vapor humeante desde las profundidades del interior de la Tierra.

Ríos y humedales

Allí donde hay agua, hay vida. Desde ríos caudalosos y lagos relucientes a pantanos cenagosos y marismas con lodo, hábitats acuáticos que atraen a todo tipo de animales.

Ríos y lagos

La mayor parte del agua dulce del planeta está en los ríos y los lagos, lo que significa que los animales que viven cerca nunca pasan sed. Bajo el agua, los depredadores se afanan en cazar, mientras sus posibles presas buscan un lugar donde esconderse.

Cazadoras voladoras

Las libélulas vuelan a gran velocidad sobre estanques y ríos cazando moscas diminutas y mosquitos.

Oso cazador

El oso gris espera paciente en la orilla del río, listo para atrapar a los escurridizos salmones con sus enormes zarpas.

Aves buceadoras

El martín pescador brillante se zambulle desde la rama de un árbol bajo para atrapar peces con su pico fino y afilado.

Insecto patinador

Un zapatero tiene unos pelos especiales en las patas que lo ayudan a caminar sobre la superficie del agua.

Humedales acuosos

Los pantanos, las ciénagas y las marismas son tipos de humedales. Estos proporcionan agua y comida en cantidad suficiente a muchos tipos de animales.

Cazador furtivo

Los cocodrilos se esconden en las aguas pantanosas, listos para atacar a las presas cercanas.

Lo mejor de ambos mundos

Las ranas y los sapos pueden vivir tanto fuera como dentro del agua, así que los humedales son el hogar perfecto para ellos.

Pescar para la cena

La garza real vadea las aguas poco profundas en busca de peces sabrosos que ensartar con su pico.

Depredador sigiloso

La anaconda es una enorme serpiente que caza caimanes, de la familia de los cocodrilos, en el agua.

Desiertos y sabanas

En el desierto llueve muy poco, mientras que en la tórrida sabana la larga temporada seca significa que hay escasez de comida y de agua. Sin embargo, muchos animales sobreviven y prosperan en estos hábitats.

Las dunas del desierto

La vida es dura en un desierto árido. Además de la falta de agua, los animales soportan un sol abrasador durante todo el día. Y de noche, al ponerse el sol, hace muchísimo frío.

Camellos listos

Los camellos acumulan grasa en la joroba que les ayuda a sobrevivir durante los largos periodos de escasez de agua o comida.

Buscadoras de sombra

Como muchos habitantes del desierto, la serpiente de cascabel se dirige a un lugar donde haya sombra durante el día, cuando el sol es más fuerte.

Escondite del escorpión o alacrán

Un escorpión escarbará él mismo un agujero en la arena para evitar el intenso calor. Luego, por la noche, sale a cazar.

Antílope del desierto

El órix de Arabia se adapta muy bien a la vida en el desierto. Su pelaje blanco refleja los rayos del sol y lo ayuda a mantenerse fresco.

Desiertos fríos

Los desiertos no tienen por qué ser calurosos. En la gélida Antártida, hay muy poca lluvia, así que también es un desierto.

Grupos de rumiantes

Las manadas de cebras deambulan por la sabana, se alimentan de hierba y se quedan cerca unas de otras por seguridad.

Rinocerontes hambrientos

Estos animales de piel gruesa tienen que comer mucha hierba cada día para estar lo bastante fuertes y poder luchar contra los depredadores.

Avestruces observadores

El avestruz tiene patas larguiruchas y un cuello largo que lo ayudan a divisar a los depredadores por encima de la hierba alta de la sabana.

Amplios pastizales

En la sabana africana, las hierbas secas crecen gruesas y fuertes bajo el sol abrasador. Estas plantas proporcionan comida a los animales rumiantes como los antílopes, las cebras y las gacelas.

Los pastizales tropicales, como la sabana africana, son calurosos durante todo el año. Los pastizales templados tienen veranos calurosos e inviernos fríos.

Cazadores de los pastizales

Los carnívoros cazan rumiantes. El pelaje de lunares de este leopardo se camufla con la hierba y lo ayuda a observar a hurtadillas a su presa.

Nidos de pájaros

Las aves silvestres vuelan de acá para allá recogiendo materiales con los que construir sus nidos en la copa de los árboles. Las ramitas, el musgo y la hierba crean un hogar acogedor para un pájaro.

Hogares y escondrijos

Todos los animales, incluso los humanos, necesitan un lugar seguro donde vivir. Muchos de ellos son expertos constructores y utilizan elementos que encuentran para crear hogares de distintas formas, tamaños y estilos.

Nido de avispas

Hogares de insectos

Las aves no son los únicos animales que se hacen nidos. Las avispas mastican madera para hacer nidos de papel que cuelgan de las ramas. Su boca húmeda actúa como pegamento para sellar las paredes de papel. Las termitas construyen unos montículos gigantes con tierra y excrementos de animales. ¡Puaj!

Montículo de termita

Topo

Madrigueras confortables

El refugio más seguro de los pequeños mamíferos como los topos, los conejos y las ardillas listadas está bajo tierra. Un topo excava una red de túneles y de «habitaciones» subterráneas donde pueda dormir y comer tranquilo.

La madriguera del castor

Los castores construyen casas flotantes llamadas madrigueras utilizando palitos, barro y piedras. Hacen pequeñas entradas submarinas para poder nadar y escabullirse en su interior sin que los vean los depredadores.

Caparazones de segunda mano

Algunos animales no necesitan un hogar permanente. El cangrejo ermitaño usa el caparazón vacío de otro animal como refugio temporal. Cuando crece y es demasiado grande para ese caparazón, sencillamente se busca uno nuevo.

Cuidado de los cachorros

Los zorros y los osos polares cavan guaridas justo por debajo del suelo. En el interior, sus cachorros permanecen calentitos y seguros hasta que estén listos para aventurarse a salir al mundo exterior.

Guarida del zorro

Guarida del oso polar

Adaptaciones sorprendentes

La vida puede ser una lucha por la supervivencia cuando los animales se enfrentan a climas extremos, depredadores aterradores o a la escasez de comida y agua. Para mantenerse a salvo, criar a sus retoños y vivir una vida larga y sana, los animales deben ser capaces de adaptarse a su entorno.

El velocista campeón

El guepardo es el animal más rápido sobre el suelo y es el único félido que no puede retraer las garras. Estas actúan como clavos incorporados para correr, parecidos a los que llevan las zapatillas de los velocistas en atletismo.

A gustito en el mar

Un abrigo de pelo es esencial para los mamíferos que viven en condiciones frías. Las nutrias marinas tienen el pelaje más grueso que cualquier otro animal que las mantiene calientes incluso dentro de las aguas más heladas.

Número de desaparición

Ahora ves al pulpo común, ¡ahora no lo ves! Cuando es atacado, libera una nube de tinta negra que enturbia el agua a su alrededor. Este ingenioso truco confunde a los depredadores y proporciona tiempo al pulpo para huir.

Las garras se clavan en el suelo para que los guepardos puedan ir más rápido.

Ahorrar energía

Los koalas comen hojas de eucalipto que no les proporcionan mucha energía. Así que se pasan hasta 18 horas al día dormitando para ahorrar toda la valiosa energía que pueden.

Lengua herramienta

¡El gigantesco oso hormiguero tiene una lengua pegajosa y espinosa tan larga como tu brazo! Está perfectamente adaptada para hurgar en lo más profundo de los nidos de termitas y sorber cientos de insectos de golpe.

La lengua del oso hormiguero puede entrar y salir de un nido de termitas hasta 150 veces por minuto.

Superviviente de la arena

Un camello está bien equipado para resistir la vida en el desierto. Con las largas pestañas se deshace de la arena, y puede cerrar completamente las fosas nasales si se produce una tormenta de arena. Los pies acolchados los protegen de la arena abrasadora.

La cabeza empieza

Cabezas y colas

En el reino animal hay miles de tipos distintos de formas de cabezas y de colas, y cada una de ellas se adapta maravillosamente al estilo de vida de su dueño.

Cabezas enormes

Al tiburón martillo le da nombre su cabeza superancha. Tener un ojo en los extremos de cada lado de la cabeza le permite ver en todas direcciones.

Visión de cazador

Como muchos depredadores terrestres, los ojos del lobo miran hacia delante. Esto significa que los lobos son capaces de divisar a la presa que está muy lejos. También pueden calcular muy bien las distancias, lo que les permite abalanzarse sobre las presas que se mueven muy rápido.

Alerta ante el peligro

Los depredadores cazan muchos animales, como los conejos, que tienen ojos a cada lado de la cabeza. Esto les permite verlo todo con claridad a su alrededor, ¡algo que resulta útil cuando están atentos a los lobos hambrientos!

Cuellos girantes

Los búhos son aves extraordinariamente flexibles, hasta el punto que pueden girar la cabeza casi por completo. Esto significa que pueden mirar por detrás de ellos sin tener que girar el resto del cuerpo.

Colas de agarre

Muchos monos utilizan la cola como un brazo o una pata extra. A medida que se columpian entre los árboles, sus colas flexibles se agarran a las ramas.

La cola acaba

Huida rápida

Algunos lagartos, como el geco, tienen una excelente técnica de huida si un atacante los agarra de la cola. Esta se separa del cuerpo para que el lagarto pueda huir. Más tarde, le crece una cola nueva.

Colas parlanchinas

La cola de un perro les da a los seres humanos y a otros perros una buena idea de cuál es su humor. Cuando se menea sugiere que el perro está feliz. Una cola bien alta muestra confianza, mientras que si permanece baja y escondida indica que el perro tiene miedo.

¡Perro feliz!

Manta de pelo

El leopardo de las nieves usa su larga cola para mantener el equilibrio sobre ramas estrechas y rocas escarpadas. En las noches de nieve, la cola actúa como una especie de manta suave que mantiene a este gran felino calentito.

Ayuda natatoria

La cola plana y escamada del castor es perfecta para nadar. Actúa como una pala para que pueda navegar sobre el agua. Si el castor cree que está en peligro, golpea el agua con fuerza con la cola para advertir a otros castores.

Zarpas y garras

Muchos animales no poseen manos como nosotros, pero tienen distintas maneras de agarrar, coger y asir las cosas.

Garras de águila

Garras desgarradoras

Las aves de presa, como las águilas, tienen unas garras muy afiladas. Son lo bastante fuertes como para apresar aves, conejos e incluso ciervos.

Garra de un león

Pulgares arriba

Algunos animales tienen unos pulgares que pueden mover igual que nosotros. El panda gigante utiliza sus pulgares para coger las cañas de bambú mientras se pasa el día masticando.

Combinación letal

Los grandes y feroces felinos tienen zarpas largas almohadilladas que acaban en garras cortantes. Las almohadas les ayudan a acechar silenciosamente a su presa. Las garras se clavan en la presa y la sujetan con tanta fuerza que no hay manera de escapar.

¡Felices sueños!

Los murciélagos duermen bocabajo,
por eso necesitan cogerse con firmeza
¡para evitar despertarse con un chichón!
Sus pequeñas y fuertes garras
se aferran vigorosamente
a las ramas de los árboles
o a los techos
de las cuevas. Zzz...

Trompa flexible

Los elefantes utilizan su
trompa flexible para coger
ramas o comida y para rociar
agua. Es un elemento tan
diestro que puede incluso
pasar las páginas de un libro.

Pinzas del cangrejo azul

Garras mordedoras

¡Gusanos y peces, cuidado! Un cangrejo puede
darte un pellizco desagradable con su par
de potentes pinzas. Cuando estas garras
se aferran, puede resultar muy difícil soltarse.

Peso pesado oceánico

La ballena azul es el animal vivo más grande. Este megamamífero es del mismo tamaño que un avión de pasajeros. Su enorme corazón es tan grande como un coche pequeño y su lengua pesa lo mismo que un elefante.

Gigante terrestre

El elefante africano es el animal terrestre más grande y pesado. Los elefantes africanos son mucho más altos y robustos que sus familiares, los elefantes asiáticos.

La más alta de todos

Las jirafas son los animales vivos más altos. Estos gráciles gigantes patilargos tienen el cuello más largo del mundo. Una jirafa adulta es más alta que tres hombres adultos colocados uno encima del otro.

El cuello de la jirafa solo tiene siete huesos... ¡los mismos que el ser humano!

Grandes y pequeños

El planeta Tierra está repleto de animales increíbles cuyo tamaño, ya sea descomunal o minúsculo, los convierte en plusmarquistas.

Voladores diminutos

El ave más pequeña del mundo es el colibrí abeja. Como puedes suponer por su nombre, tiene el tamaño de una abeja. ¡Este pájaro es tan pequeñín que podría posarse en la punta de un lápiz!

¡El colibrí bate las alas 80 veces por segundo!

Un largo trecho

El gusano cordón de bota es el animal más largo de la Tierra. Aunque su anchura es como la de los cordones de unas deportivas, este plusmarquista habitante de los océanos ¡es dos veces más largo que una ballena azul!

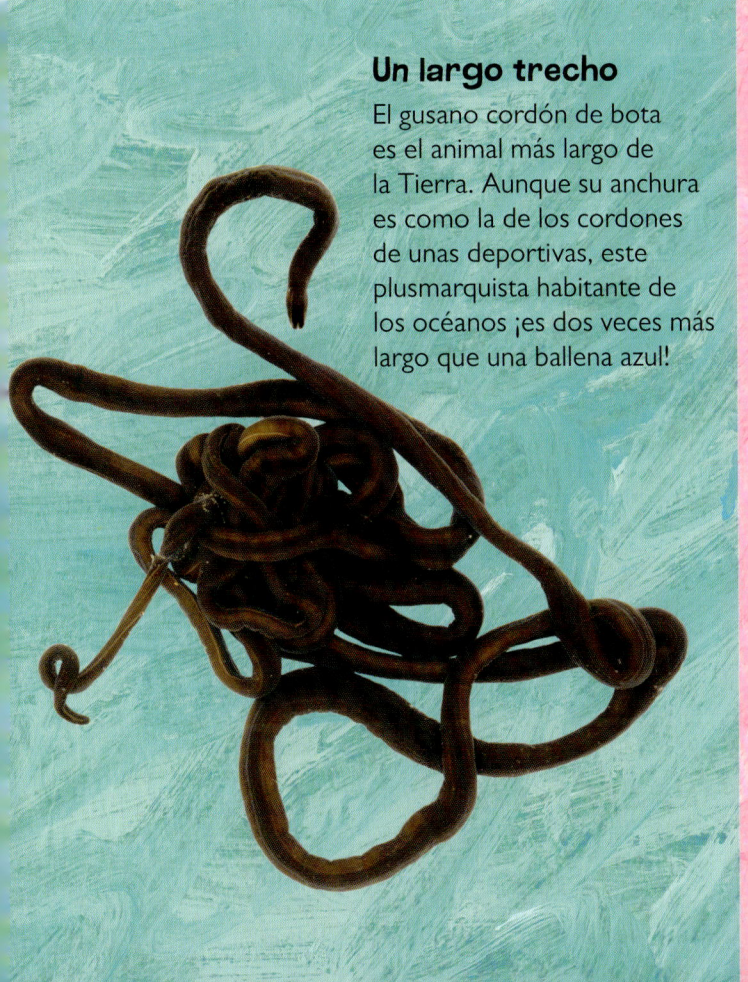

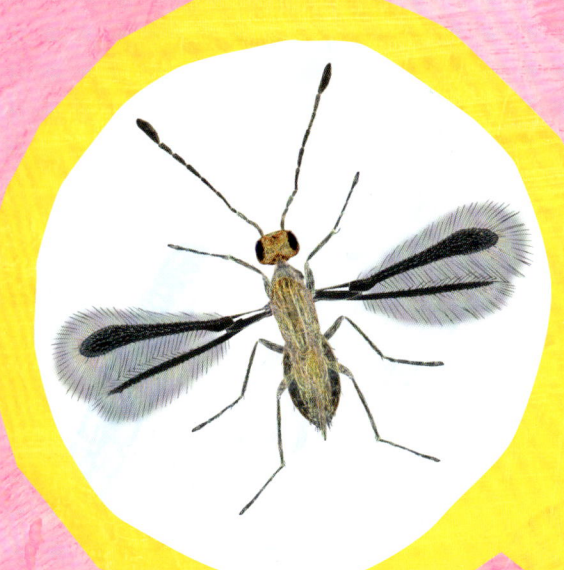

Realmente pequeño

Entre los animales más diminutos del mundo está la avispa hada. Este insecto es tan minúsculo que podría caber fácilmente dentro del punto final con el que acaba esta frase.

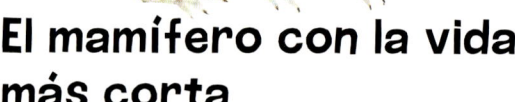

6 meses

1 día

El animal con la vida más corta

Para las efímeras el tiempo vuela. Solo viven un día. En 24 horas nacen, encuentran pareja, tienen crías y mueren.

El mamífero con la vida más corta

La rata gigante de Sonda de Müller habita en los bosques del sudeste asiático. Solo vive unos seis meses.

El pez más longevo

El enorme tiburón de Groenlandia de nado lento vive en el Ártico, y tiene una gran esperanza de vida de casi 400 años.

400 años

Esperanzas de vida animal

Algunos animales viven durante muchos años e incluso siglos, mientras que otras criaturas tienen que comprimir toda su existencia ¡en un solo día!

El mamífero más longevo

Las ballenas boreales viven en las gélidas aguas del océano Ártico. Algunas han vivido durante más de 210 años.

200 años

El animal más longevo

¡La esponja barril gigante puede vivir durante unos alucinantes 2300 años! Pese a tener el aspecto de una planta, de hecho se trata de un animal oceánico de movimiento lento.

2300 años

Vida eterna

La diminuta turritopsis, también llamada medusa inmortal, puede regenerar todo su cuerpo para sanarse. Así que, mientras evite que se la coman, ¡esta medusa podría vivir eternamente!

¡Cumpleaños feliz!

Aquí tienes a dos animales que han celebrado UN MONTÓN de cumpleaños.

La poderosa Ming

El animal más antiguo jamás encontrado es Ming, una almeja de Islandia que se sacó del mar en 2006. Los expertos calculan que Ming tiene unos quinientos siete años.

Tortuga incansable

La tortuga gigante Jonathan es el animal vivo más antiguo. Celebró su 190 cumpleaños en 2022 en Santa Elena, la isla del Pacífico Sur donde vive.

Rápidos y lentos

En una carrera entre todos los animales terrestres, marinos y aéreos, ¿quién cruzaría en primer lugar la línea de meta y quién se quedaría parado en la salida? Preparados, listos, ¡ya!

El más lento en el suelo

La babosa plátano es uno de los animales terrestres que se mueve más lentamente. Viaja la distancia que mide un naipe por minuto.

El más lento en el agua

Las esponjas marinas son lentísimas. ¡Tardan un día entero en recorrer el ancho de un grano de arena!

El más rápido en el aire

Volando hacia el primer puesto tenemos al halcón peregrino. Ningún otro animal puede batir a esta ave de presa. Puede zambullirse a la misma velocidad endiablada que un coche de Fórmula 1.

El más rápido en el suelo

El guepardo gana el primer premio al corredor más veloz. Su elástica columna vertebral y las largas patas impulsan a este gran felino por los pastizales a la misma velocidad que un coche por una autopista.

El más rápido en el agua

El marlín negro surca el agua diez veces más rápido que un nadador olímpico. Este pez veloz es un cazador de alta velocidad y acuchilla a su presa con su pico afilado.

Puntiagudos y lisos

Desde el puercoespín más espinoso a la serpiente más lisa, los animales tienen una sorprendente variedad de tipos de piel. Esta capa exterior puede protegerlos contra un frío glacial o un calor abrasador, evitar que los depredadores los ataquen o desarrollar plumas con las que alzar el vuelo.

Escamas de serpiente

Escamas

Muchos insectos, peces y reptiles tienen pieles escamadas. Los cientos de diminutas y duras escamas crean un revestimiento de armadura. Las serpientes de cascabel como esta sacuden la cola tan rápido que las escamas crean un sonido repiqueteante.

Púas

La piel con pinchos hace que sea casi imposible comerse a este animal. Los erizos, los puercoespines y las chinches espinosas desalientan a los depredadores al convertirse en un ovillo en forma de bola con púas.

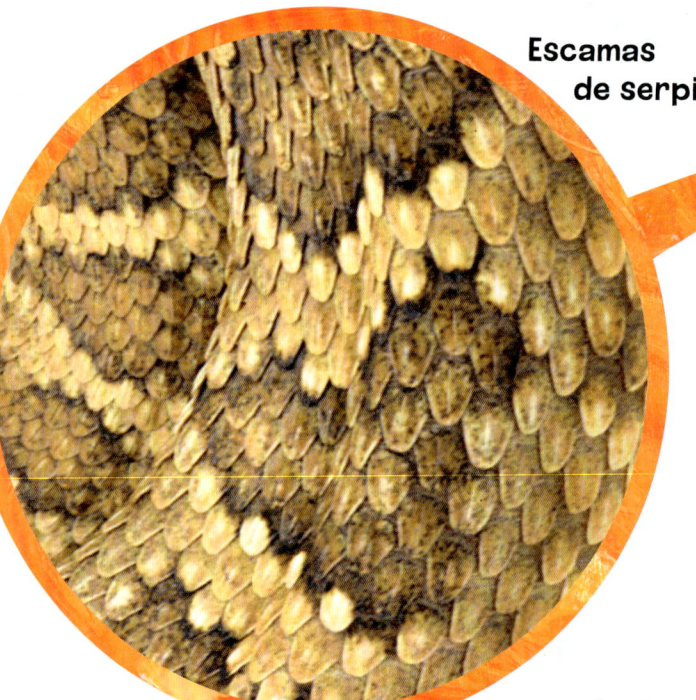

Púas de puercoespín

Plumas

A las aves les salen plumas de la piel. Una capa suave y fuerte de plumas proporciona al ave calidez y protección. Las alas emplumadas también ayudan a muchas aves a volar.

Plumas de loro

¡Comparados con nosotros los insectos están del revés! Nuestro esqueleto está recubierto de piel, mientras que los insectos tienen un esqueleto externo y por debajo una capa parecida a la piel.

Piel gruesa

Algunos grandes mamíferos, entre ellos los hipopótamos, los rinocerontes y los elefantes, tienen una piel gruesa y curtida. Se refrescan en el agua y utilizan el lodo resbaladizo para protegerse del sol. Los hipopótamos producen incluso su propia crema solar roja para protegerse la piel.

Piel de hipopótamo

Mimetizarse y destacar

A algunos animales les gusta lucirse, mientras que otros prefieren pasar desapercibidos. Te presentamos algunos números de desaparición muy ingeniosos, imitaciones increíbles y alardes excepcionales.

Insecto palo

¿Es una rama? ¿Es una chinche? ¡No, es un insecto palo! Estos insectos se camuflan tan bien con las ramitas y las ramas que los depredadores dan por hecho que son parte de la planta.

Esconderse

Evitar estar en primer plano es una manera de mantenerse a salvo. Los animales fingen ser otra cosa o sencillamente desaparecen con el fondo.

La mosca de las flores

A pesar de parecerse a la avispa, este farsante volador es inofensivo. Los depredadores dan por hecho que poseen un aguijón letal, así que se mantienen alejados de ellas.

El geco cola de hoja

Esta lagartija tiene un cuerpo marrón moteado y una cola que es igual que una hoja muerta. Se queda quieto sobre un árbol, invisible a cualquier depredador que pase.

Rana punta de flecha

¡No puedes pasar por alto a la rana de punta de flecha de América del Sur! Aunque son muy pequeñitas, sus colores deslumbrantes advierten a los depredadores de que su piel es venenosa.

Las ranas de punta de flecha crean su veneno con los insectos que se comen.

Araña pavo real

A pesar de ser del tamaño de un grano de arroz, este bailarín molón menea su colorida aleta corporal y con sus ocho patas lleva a cabo un baile para atraer a las hembras.

La fragata

La fragata macho infla una bolsa flexible que tiene bajo la garganta en forma de gran globo rojo. Hace este insólito truco para impresionar a las fragatas hembra.

Pavoneándose

Estos superpresumidos se mueren por llamar la atención y encontrar pareja.

Supersentidos

Los animales sobreviven en sus diferentes hábitats utilizando los cinco sentidos, igual que nosotros. A menudo, su oído, tacto, gusto, vista y olfato son mucho mejores que los nuestros.

Orejas grandes

El diminuto zorro fénec vive en los desiertos del norte de África, donde utiliza sus orejas supergrandes para oír a los animales de presa que corretean entre la arena.

Sentir el camino

El manatí, o vaca de mar, tiene un poderoso sentido del tacto. Los vellos sensitivos de su cuerpo perciben el entorno y reconocen a otros manatíes.

Prueba de gusto

El pez gato tiene unos largos bigotes que se abren en abanico desde la cara. Están recubiertos de diminutas papilas gustativas que pueden localizar peces y almejas en las aguas oscuras.

Tipos de dientes

Dependiendo de los alimentos que les encanten a sus papilas gustativas, los animales tienen bocas y dientes con distintas formas. Los peces y los reptiles, como este gavial, cuentan con filas idénticas de dientes afilados. Muchos mamíferos tienen una mezcla de dientes afilados y planos, para poder desgarrar la carne y a la vez masticar plantas. Las aves tienen pico en vez de dientes. Los anfibios no tienen dientes.

Águila calva

Ojos de águila

La vista de un águila es ocho veces mejor que la de un ser humano. Esta aguda visión las ayuda a divisar la presa desde una distancia de 3 km.

Un olfato genial

Un oso puede oler cosas 2 000 veces mejor que un ser humano, lo que facilita a estos depredadores olfatear la comida o las posibles parejas a grandes distancias.

Oso pardo

Tiradores habilidosos

Cuando el pez arquero localiza a la presa sobre una rama saliente, dispara con precisión milimétrica una certera ráfaga de agua a toda velocidad con la boca para derribar al insecto de su atalaya.

Con las patas por delante

Las mariposas tienen unos sensores especiales en las patas para comprobar el sabor de una flor. Si esta pasa la prueba de sabor, la mariposa se posa y succiona el dulce néctar.

Patas musicales

Los saltamontes macho crean su propia cancioncilla frotando las patas traseras contra las alas. Esta singular tonada llama la atención de las hembras cercanas.

Canción de ballena

La ballena azul es uno de los animales más ruidosos de la Tierra. Va nadando a la vez que canta su singular canción durante horas. Estas canciones pueden escucharlas otras ballenas a cientos de kilómetros de distancia.

El chat de las suricatas

Las suricatas trabajan en equipo y hacen turnos para defender sus madrigueras. Se comunican con chillidos, pero estos se convierten en sonoros alaridos si un depredador se acerca demasiado.

Enviar mensajes

Algunos animales utilizan la voz para comunicarse entre ellos, llenan el aire de chillidos, canciones o gritos. Otros tienen maneras más insólitas de hacerse entender.

Cosas de monos

Los monos están entre los animales más parlanchines del planeta. El más ruidoso es el mono aullador, ¡que sin duda hace honor a su nombre!

¡El estruendo de un mono aullador puede oírse a más de 5 km de distancia!

Colores camaleónicos

Los camaleones se comunican silencio, cambiando de color. Esto indica al resto de camaleones si están tranquilos, enfadados ¡o buscan amor!

La llamada de la selva

Los leones son conocidos por su rugido ensordecedor. El terrorífico sonido es una advertencia a los machos rivales para que se alejen de su grupo familiar, conocido como manada.

Salvajes y domados

Las mascotas que viven con nosotros son muy diferentes de los animales silvestres. Por eso puedes acoger en tu casa a un gato doméstico, ¡pero no le abras la puerta a una pantera que merodee por allí!

En la granja

Algunos animales son cuidados por la gente, pero no viven con ellos dentro de sus casas, sino en granjas. Entre los animales de granja están las vacas, los burros, los caballos, las gallinas, las ovejas, los cerdos y las cabras.

Oveja y cordero

Parte de la familia

A los animales que viven en nuestras casas se les llama mascotas. Con el tiempo, algunos de ellos han desarrollado una preferencia a estar con los humanos. Las más populares son los gatos, los perros, los conejos, los hámsteres, los peces y las tortugas. Las menos habituales como los lagartos, las serpientes y las arañas necesitan un cuidado y una atención expertos para mantenerlos sanos.

Hámster

Un término medio

A veces, los animales de granja o las mascotas se escapan o se pierden. Esto significa que los seres humanos ya no los cuidan, sino que viven salvajes y tienen que valerse por sí mismos. Se les llama animales silvestres. Algunos animales que pueden asilvestrarse son el jabalí, las cabras y los ciervos.

Jabalí

Los salvajes

Muchos animales de la Tierra viven en su entorno natural, sin interactuar con los seres humanos. Los animales salvajes, como este panda rojo, sobreviven buscándose su propia agua, su comida y su cobijo.

Panda rojo

Elefante marino

Mariposas monarca

El paseíto de la foca

Los elefantes marinos del norte hacen unos maratonianos trayectos a nado de 21 000 km desde Estados Unidos hasta el océano Pacífico norte para encontrar presas. Este largo viaje es recompensado con montones de deliciosos calamares y peces. ¡Ñam, ñam!

Vuelos de larga distancia

Las mariposas monarca abandonan la fría Canadá para dirigirse hacia el sur, a la templada México. Agotadas del viaje, se echan una buena siesta, se despiertan para poner sus huevos y luego mueren. Las crías de mariposa vuelan entonces 4 800 km de vuelta a Canadá.

Animales viajeros

Algunos animales efectúan viajes con regularidad, llamados migraciones. Pueden ser para huir del frío invierno, para encontrar comida o para tener a sus crías.

¡Las mariposas monarca recién salidas del huevo vuelan a menudo hacia el mismo árbol del que salieron sus madres!

Charrán ártico

De polo a polo

El premio al viaje más largo se lo lleva el charrán ártico. Viaja del Ártico al Antártico para aparearse. Después de eso, este resistente viajero se gira ¡y hace todo el viaje de vuelta!

Viaje por carretera

En la isla de Navidad, al norte de Australia, millones de diminutos cangrejos rojos hacen su viaje anual de 5 km desde su hogar en el bosque hasta el océano Índico para poner sus huevos. ¡Las carreteras se cierran para que los cangrejos puedan cruzar sin problemas!

Ñu

Cangrejos rojos

Millones de migrantes

Cada año, más de un millón y medio de ñus migran por toda la sabana africana. Viajan bajo un sol achicharrante y cruzan ríos peligrosos para encontrar pasto fresco.

Mamíferos
maravillosos

Suministro de leche

Los mamíferos producen leche en su cuerpo para alimentar a sus crías. Los mamíferos jóvenes se alimentan durante meses o años de esta nutritiva leche que les ayuda a crecer.

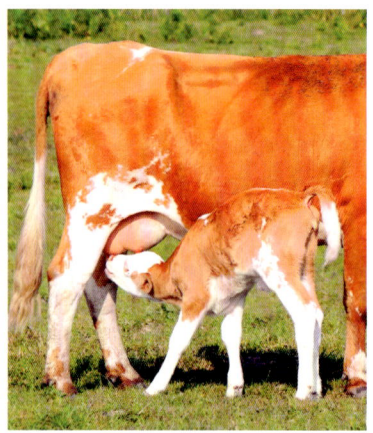

Vaca y ternero

Dar a luz

Muchos mamíferos crecen en el interior de su madre hasta que están listos para nacer. La hembra del rinoceronte está embarazada durante casi un año y medio antes de dar a luz a sus crías.

Rinoceronte y cría

Todo sobre los mamíferos

¿Qué es un mamífero? ¡Tú, para empezar! Somos uno de los más de 5 000 distintos tipos de mamíferos. Puede que no se parezcan mucho, pero todos los mamíferos tienen cosas importantes en común.

Buey almizclero

Amigos peludos

Todos los mamíferos tienen pelaje o pelo. Algunos cuentan con un recubrimiento grueso y completo, mientras que otros tienen algo de pelo suave en algunas partes del cuerpo. Sea como sea, esta capa peluda los mantiene calientes y les protege la piel.

Los delfines salen a la superficie cada dos minutos para coger aire.

Delfines

De sangre caliente

Los mamíferos son de sangre caliente, es decir, que pueden calentarse y enfriarse a voluntad para que su cuerpo esté a una temperatura saludable. Así es como sobreviven los delfines, incluso en aguas gélidas.

Mamíferos extraordinarios

Algunos rompen las reglas al tener un aspecto o un comportamiento distinto al de la mayoría del grupo.

Pangolín

Este depredador es el único mamífero con escamas. Cuando percibe el peligro, se enrosca en forma de bola apretada y acorazada.

Rata topo desnuda

Este pequeño roedor africano es prácticamente calvo. Magnífico excavador, pasa la mayor parte del tiempo bajo tierra.

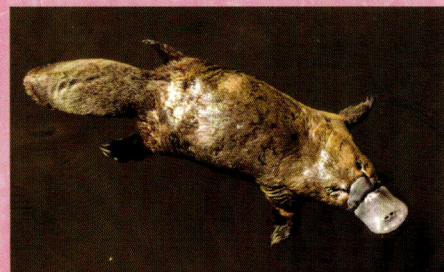

Ornitorrinco

Casi todos los mamíferos dan a luz a crías vivas, pero el ornitorrinco australiano es diferente porque pone huevos.

49

Monos y simios

Los monos, los simios y los lémures, habitantes del bosque, pertenecen todos al grupo de los mamíferos llamados primates.

Escaladores listos

Los monos usan sus largos brazos para columpiarse de rama en rama. Muchos duermen en lo alto de los árboles y casi nunca bajan al suelo. El babuino es uno de los pocos primates que prefieren vivir en el suelo del bosque.

Mono araña

Encuentra la diferencia

Los monos y los simios son parientes cercanos, pero hay algunas diferencias entre ellos. Los monos, como los babuinos, los capuchinos y los macacos, suelen ser más pequeños y delgados y de cola larga. Los simios, como los gorilas, los chimpancés y los orangutanes son más grandes y anchos. Caminan erguidos y no tienen cola.

Gorila

Macaco

Datos familiares

Hábitat
Principalmente árboles y bosques

Ubicación
África, Asia, Europa,
América del Norte, América del Sur

Dieta
¡Casi todo! Hojas, flores,
insectos y carne

Familia
Monos, lémures, simios
y nosotros… ¡los seres humanos
también pertenecemos a la familia
de los simios!

Lémures saltarines

Los lémures viven en la isla tropical de Madagascar.
Estos sensuales bailarines saltan de árbol en árbol
y corretean por el suelo del bosque, deteniéndose
de vez en cuando a tomar el sol.

Vivir juntos

A los monos y a los simios
les encanta tener compañía.
Viven juntos en grupos llamados
manadas, generalmente
formadas por un macho
y muchas hembras con sus crías.
Comen y duermen juntos, y se
acicalan los unos a los otros para
quitarse la suciedad y los bichos.

Chimpancés inteligentes

Los chimpancés son tan listos
que utilizan herramientas, como
hacemos los humanos. Este
chimpancé está metiendo una
ramita dentro de un árbol para
alcanzar un suculento insecto.

Fuertes espaldas plateadas

Los simios más grandes y fuertes
son los gorilas. A los machos
adultos se les llama espaldas
plateadas por la franja gris plateada
de su lomo. Estos tranquilos simios
solo son agresivos cuando ellos o
alguien de su grupo se sienten
amenazados.

La familia félida

Desde los poderosos leones africanos y los potentes tigres asiáticos hasta los adorables gatitos que viven con nosotros como mascotas, todos los felinos forman parte de la misma familia de los félidos.

Datos familiares

Hábitat
Bosques, pastizales, casas humanas

Ubicación
Todos los continentes, excepto la Antártida

Dieta
Carne, desde ciervos grandes hasta ratoncitos

Familia
Hay 37 tipos, entre ellos los tigres, los guepardos y los gatos domésticos (mascotas)

Menú carnívoro
Todos comen carne, pero los gatos silvestres, como este lince, tienen que cazarla ellos mismos. Utilizan su vista aguda y sus potentes patas para localizar y perseguir a la presa. Sus dientes afilados y sus garras desgarran la carne.

El félido más grande de todos

El tigre rayado es el miembro más grande de la familia félida. Este poderoso cazador puede transportar presas el doble de grandes que él.

Manadas de leones

Los leones son los únicos grandes felinos que viven en grupos llamados manadas. Unos cuantos machos viven con montones de leonas y sus cachorros. Las leonas cazan en equipo y traen comida para todo el grupo. ¡El macho líder siempre come el primero!

Por su cuenta

La mayoría de los felinos viven solos. Defienden su territorio de otros felinos, cazan para comer y la mayor parte del tiempo restante lo pasan durmiendo. Las hembras, como esta de leopardo, viven con sus cachorros hasta que se hacen mayores.

Gatitos achuchables

Los gatos que tenemos de mascotas no tienen que buscarse la vida. Tienen dueños que les dan comida, cobijo y mucho cariño.

A los leones, los tigres, los linces y los leopardos se los conoce como grandes felinos.

Mascotas antiguas

Los gatos se convirtieron en mascotas hace miles de años, cuando la gente los dejaba entrar en casa para que cazaran ratas y ratones. En el antiguo Egipto, se veneraba a los gatos como animales mágicos que traían buena suerte.

Cánidos geniales

La familia de los cánidos cuenta con 34 miembros, desde los lobos que aúllan salvajes a los chuchos que tenemos como mascotas que ladran para pedirnos la cena. Todas las razas de perros domesticados comparten el mismo antepasado: el lobo gris.

Datos familiares

Hábitat
Montañas, bosques, pastizales, desiertos y casas humanas

Ubicación
Todos los continentes, excepto la Antártida

Dieta
¡Carne, carne y más carne!

Familia
Incluye lobos, coyotes, zorros, chacales y perros domésticos

Hay unas 350 razas de mascotas cánidas.

Perros trabajadores

Los perros, a los cuales nos referimos a menudo como «el mejor amigo del hombre», tienen un amplio historial de ayuda al ser humano. Algunas de sus ocupaciones son pastorear ovejas para los granjeros, tirar de trineos en regiones polares y llevar a cabo tareas para personas con discapacidad.

Sentidos agudizados

Los cánidos tienen una gran vista, un oído muy fino y un supersentido del olfato. Usan el hocico para olfatear a la presa o a los depredadores y para examinar a otros perros.

Líderes de la manada

Los lobos grises viven en grupos familiares numerosos llamados manadas. El macho y la hembra más dominantes se encargan juntos de un equipo formado por otros adultos y sus jóvenes lobeznos. Los lobos trabajan unidos para acechar y rodear a la presa, y luego se acercan para atrapar al animal con sus fuertes garras y dientes afilados.

Cazadores supremos

Los licaones son unos mamíferos cazadores muy eficientes. Estas bolas de pelo energéticas siempre están en movimiento y matan cada día. Viven en grandes grupos y trabajan juntos para perseguir y atacar a las presas.

Gorrón callejero

No todos los cánidos cazan a sus presas. Los zorros rojos que viven en las ciudades se han convertido en expertos carroñeros, que saquean los cubos de basura en busca de restos de comida.

Dentaduras terroríficas

Mirar en el interior de la boca de un mamífero nos da pistas sobre lo que come. Los temibles colmillos ayudan a los cazadores a desgarrar las presas carnosas, mientras que las filas de dientes planos permiten a los rumiantes triturar la hierba.

Carnívoros

Los animales que solo comen carne se llaman carnívoros. Sus potentes fauces se abren y dejan ver unos caninos grandes y afilados, que cortan la carne y la desmenuzan en trocitos lo bastante pequeños para que los puedan tragar.

León

El armadillo, que come insectos, tiene unos 100 dientecillos, que son más de los que tiene cualquier otro mamífero.

Tipos de dientes

Los mamíferos tienen tres tipos de dientes distintos.

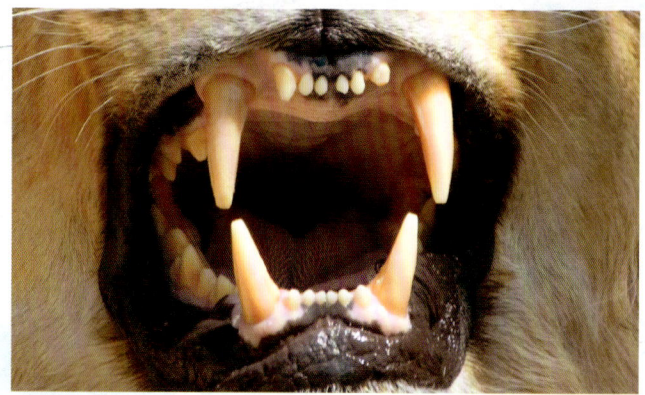

Caninos

Los cuatro caninos puntiagudos de un carnívoro le sirven para clavarlos y arrancar trozos de carne.

Herbívoros

Los animales que solo comen plantas se denominan herbívoros. Tienen incisivos afilados delante para cortar tallos y hojas, y anchos molares al fondo para triturar las plantas y convertirlas en pulpa.

Burro

Omnívoros

Los animales que comen carne, plantas y fruta reciben el nombre de omnívoros. Tienen una combinación de incisivos, caninos afilados y molares planos para comer distintos tipos de alimentos. La mayoría de los humanos son omnívoros.

Chimpacé

Los chimpancés son nuestros parientes más cercanos. Tienen 32 dientes, el mismo número que nosotros.

Incisivos

Los incisivos largos y de bordes afilados de los herbívoros pueden cortar tallos, ramitas y hojas.

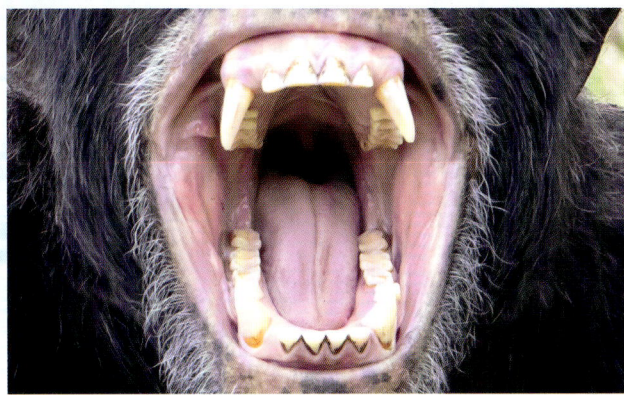

Molares

Los anchos molares traseros mastican y trituran trocitos de comida hasta que son lo bastante pequeños para tragárselos.

57

Abrigos de pelo

Los mamíferos son los únicos animales cubiertos de pelo. A nosotros, el pelo nos crece más grueso en la cabeza, pero otros mamíferos tienen en todo el cuerpo para protegerles la piel y mantenerlos calientes.

Abrigos espesos

Un abrigo de pelo por todo el cuerpo es esencial en hábitats más fríos. El pelaje denso mantiene a los animales que viven en ellos calientes y secos.

Gorila de montaña

Este poderoso gorila tiene un pelaje largo y enmarañado que lo protege del frío y la humedad.

Cambiando de estaciones

El pelaje del zorro ártico es pardo en verano y se vuelve blanco nuclear en invierno. Eso ayuda a este depredador a no ser visto entre la nieve mientras se acerca sigilosamente a la presa.

Blanco y negro

Los osos polares tienen el pelaje blanco y la piel negra. El pelaje dificulta que los divisen en hábitats helados. La piel negra les ayuda a estar calientes porque el negro es el color que absorbe más calor del sol.

Líneas borrosas

El pelo de la cebra es de rayas blancas y negras. Cuando se agrupan en una gran manada, resulta más difícil elegir un solo animal porque lo único que se ve es un gran batiburrillo borroso de rayas.

Abrigos felinos

Los grandes felinos son famosos por su pelaje. Tienen una gran variedad de colores y dibujos con los que mimetizarse con sus distintos hábitats.

Cachorrillos a lunares

Los cachorros de león tienen unos puntitos apenas visibles en su pelaje dorado para camuflarse mucho mejor entre las hierbas.

Tigres rayados

Este inmenso cazador se camufla bien mientras se desplaza entre los pastizales y los bosques asiáticos, gracias a su pelaje rayado naranja y negro. Cada tigre tiene su propio patrón de rayas.

Leopardo de lunares

Un abrigo de lunares ayuda a este gran felino a moverse sin ser visto a la luz del sol y entre las sombras. Los leopardos negros, llamados panteras, también tienen lunares, pero cuesta más verlos.

Osos

Los osos pueden parecer muy monos y achuchables, ¡pero no son ositos de peluche! Si tienen bastante hambre, estos mamíferos grandes y fuertes comerán prácticamente de todo.

Oso pardo

Garras para trepar

Como muchos osos, los osos pardos son expertos escaladores. Trepan a un árbol y luego usan sus garras afiladas para aferrarse con fuerza al tronco.

Mantenerse calentito

Los osos grises son unos osos pardos que viven en lugares más fríos. Tienen un grueso pelaje que los mantiene calientes. Durante el invierno, se quedan durmiendo en sus oseras.

Datos familiares

Hábitat
Bosques, pastizales, montañas, desiertos y zonas árticas

Ubicación
Asia, Europa, América del Norte, América del Sur

Dieta
Pequeños animales, peces, fruta, plantas y hierbas

Familia
Hay ocho miembros distintos de la familia del oso

Oso gris

Te presento a los osos

Hay ocho tipos o especies distintas de osos que viven en toda clase de hábitats, desde los bosques montañosos hasta el gélido Ártico.

Oso negro americano

Oso negro asiático

Oso pardo

Oso panda gigante

Oso polar

Oso perezoso

Oso malayo

Oso de anteojos

Al oso de anteojos el nombre le viene del dibujo de su cara peluda, ¡pues parece que lleve puestas unas gafas!

Grandes nadadores

Los osos polares son unos estupendos nadadores. Cazan focas en las gélidas aguas del océano Ártico y enseñan a hacerlo a sus oseznos.

Oso polar y osezno

Elefantes

Los elefantes son los animales terrestres más grandes. ¡Un elefante africano puede llegar a pesar lo mismo que cuatro coches! Pero, a pesar de su tamaño, son unos herbívoros pacíficos.

Familias amistosas

Los elefantes viven en grupos familiares cariñosos y atentos. Cuando están en movimiento, las crías viajan en medio de la manada para protegerlas. Una cría se queda con su madre durante los cinco primeros años de vida.

Elefante y cría

Largos colmillos

Los colmillos son dientes de marfil supergrandes y curvos. Los elefantes los usan para ingerir sabrosas plantas y arrancar la corteza de los árboles.

Orejas grandes

La forma y el tamaño de la oreja de un elefante pueden decirnos de dónde procede. Los elefantes africanos tienen unas orejas enormes y flexibles, pero las de los asiáticos son mucho más pequeñas y redondeadas.

Oreja de elefante africano

Trompa fantástica

Una trompa es una nariz larga y flexible que se utiliza para respirar, oler y beber. También coge plantas y las mete en la boca. Los elefantes necesitan comer mucho, así que ¡mastican y engullen hasta 18 horas al día!

La trompa de un elefante está dotada de más de 40 000 músculos.

Pezuñas chulas

Muchos mamíferos veloces tienen pezuñas. Una pezuña es una capa dura que protege los dedos de los pies. Con el tiempo, las pezuñas se estropean, pero, por suerte, vuelven a crecer.

Cobertura resistente

Las pezuñas están hechas de un material llamado queratina. Tu pelo y tus uñas también están hechas de ese material.

Animales de dedos pares

A los mamíferos que tienen dos o cuatro dedos en las extremidades cubiertos por pezuñas, se les llama mamíferos ungulados de dedos pares.

Hipopótamo

Este gigante tiene cuatro dedos que le ayudan a mantener el equilibrio y repartir la carga de su enorme peso.

Huella de la pezuña del hipopótamo

Camello

Los dos dedos completamente extendidos del camello son perfectos para caminar sobre la arena caliente.

Huella de la pezuña del camello

Reno

Los cuatros dedos de este tipo de ciervo actúan como calzado para la nieve a fin de evitar que se hundan en ella.

Huella de la pezuña del reno

A la carrera

Las pezuñas permiten a los animales correr sobre los dedos sin hacerse daño en los pies. La mayoría de los animales con pezuñas son herbívoros pacíficos. Necesitan unas patas largas y unos pies fuertes para escapar rápidamente de los depredadores.

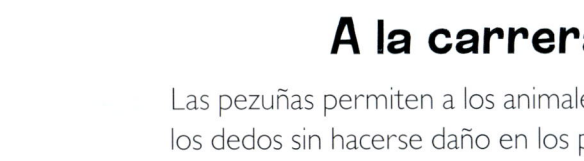

¡La mayoría de los mamíferos con pezuñas duermen de pie!

Animales de dedos impares

A los mamíferos que tienen uno o tres dedos en las extremidades protegidos por las pezuñas, se les llama mamíferos ungulados de dedos impares.

Rinoceronte

Los tres dedos rollizos del rinoceronte aguantan el peso de su voluminoso cuerpo y le ayudan a moverse a gran velocidad.

Caballo

Un caballo tiene un solo dedo rodeado de una pezuña y corre de puntillas.

Tapir

El tapir es un miembro diferente de esta familia. Tiene cuatro dedos en las extremidades delanteras y tres en las traseras.

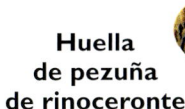

Huella de pezuña de rinoceronte

Huella de pezuña de caballo

Huella de pezuña delantera de tapir

Huella de pezuña trasera de tapir

Caballo de potencia

Los caballos pueden andar, trotar, ir a medio galope y galopar, que es correr a máxima velocidad. A veces se les fijan herraduras en las pezuñas para protegerles los pies en las carreteras duras.

Datos familiares

Hábitat
Campos, bosques, pastizales y desiertos

Ubicación
Todos los continentes, excepto la Antártida

Dieta
¡Hierba, hierba y más hierba!

Familia
Cebras, caballos y asnos

Caballos

Estos manantiales de energía de orejas puntiagudas son famosos por su fuerza y velocidad. Caballos, ponis y burros han vivido entre las personas durante miles de años, mientras que las cebras y los asnos viven en estado salvaje.

A caballito

Hay más de 300 razas distintas de caballos. Los de carreras son grandes y fuertes, y tienen mucha resistencia física. Los ponis, más pequeños y fornidos, son perfectos para que los monten los niños.

Poni

Caballo de carreras

Asnos salvajes

Los asnos son muy diferentes a los caballos, tienen las orejas más largas y el cuerpo más pequeño. Deambulan salvajes por los desiertos y los pastizales de África y Asia.

Un burro es un asno domesticado que vive con las personas.

Cebras rayadas

No hay dos cebras iguales: cada una tiene su propio diseño exclusivo de rayas blancas y negras. Las cebras viven en manadas en la sabana africana y se alimentan de hierba.

Animales de granja

En una granja, los granjeros guardan a los animales y los cuidan. Pueden vivir sueltos en los campos o resguardados en graneros.

Las vacas tienen cuatro estómagos para ayudarles a extraer todos los nutrientes de la hierba que mastican.

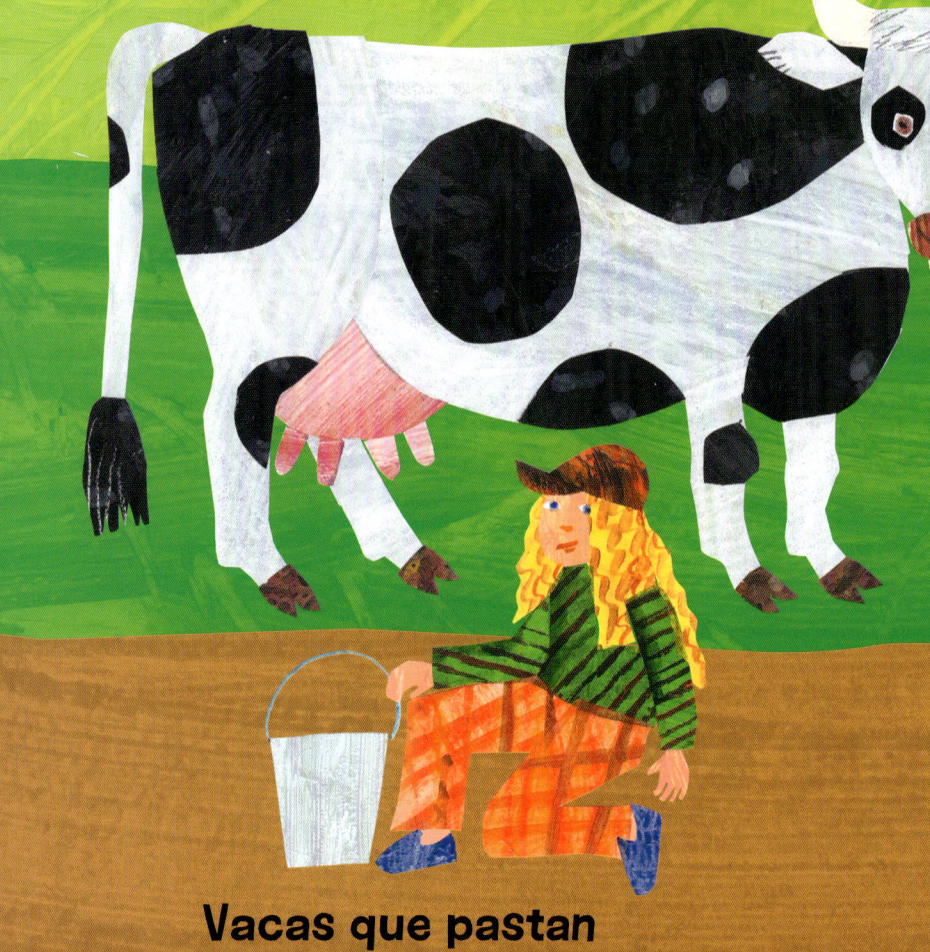

Vacas que pastan

¡Muuu! Las vacas que comen hierba pastan durante al menos seis horas al día. Mastican un bocado de hierba, la tragan ¡y después la vuelven a sacar y a masticar otra vez! A esto se le llama rumiar.

Alimentos de granja

Las ovejas, las cabras, las vacas y los cerdos fueron salvajes en otra época, pero los granjeros los domesticaron por los alimentos que proporcionan. Las vacas, las ovejas y las cabras producen leche para que nosotros la bebamos. Algunos animales de granja son criados por su carne.

Ovejas lanosas

¡Beee! Los lanosos rebaños de ovejas pastan juntos. Su lana se utiliza para hacer ropa. A veces los granjeros tienen un perro pastor que les ayuda a reunir y desplazar a las ovejas.

Cabras juguetonas

¡Meee! Las cabras traen la diversión a las granjas. Estas listas escaladoras siempre andan buscando bocados deliciosos. A menudo se utiliza su leche para hacer queso.

Cerdos embarrados

¡Oinc! A los cerdos les encanta revolcarse en el barro. Usan sus hocicos respingones para hozar el suelo en busca de lombrices, gusanos y otros bocaditos que comer.

Crías de mamíferos

Muchos mamíferos recién nacidos son débiles y están indefensos cuando llegan al mundo. Sus madres los cuidan hasta que finaliza su crecimiento.

Crías de foca

Las crías de la foca arpa son de un blanco inmaculado. Esto las ayuda a ocultarse de los depredadores. Después de unas cuantas semanas se vuelven oscuras, como sus madres.

Gatitos

Como muchas crías de mamíferos, los gatitos están recubiertos de pelo cuando nacen. Al principio no pueden ver ni oír. La gata madre produce leche nutritiva que ayuda a los gatitos a crecer rápidamente.

Madres e hijos

Algunas crías de mamíferos son versiones en miniatura de sus progenitores, ¡pero estos tres son muy diferentes de sus madres!

Panda gigante

Los pandas gigantes son famosos por su pelaje blanco y negro, pero sus crías nacen con la piel rosa y casi sin pelo.

Jóvenes delfines

Muchos mamíferos se ponen en movimiento desde el mismo momento en que nacen. Un delfinato recién nacido tiene que nadar inmediatamente hasta la superficie para respirar por primera vez.

Crías de ballena

Las ballenas azules tienen las crías más grandes de la Tierra. Un ballenato recién nacido pesa lo mismo que un coche pequeño.

Orangutanes

La cría de orangután se pasa hasta nueve años al cuidado de su madre. Si exceptuamos los seres humanos, es el mamífero que tarda más tiempo en crecer.

Langur de anteojos

Los langures de anteojos adultos tiene el pelo muy oscuro, pero las crías son de color naranja brillante, ¡así no se pierden!

Tapir

Los tapires son de color oscuro y plano, pero sus crías tienen topos y rayas. Eso dificulta que los localicen los depredadores.

Marsupiales

Los marsupiales son un grupo de mamíferos que tienen una bolsa especial en la barriga para transportar a su cría de forma segura.

Datos familiares

Hábitat
Bosques, pastizales y desiertos

Ubicación
Oceanía, América del Norte, América del Sur

Dieta
Plantas o carne

Familia
Unos 250 miembros, entre ellos los koalas, los canguros, los uombats y los ualabíes

Bolsillos protectores

Los marsupiales recién nacidos son muy pequeñitos. Gatean por la piel de su madre hasta llegar a la bolsa. Se quedan allí durante meses para beber leche y estar seguros mientras crecen.

Canguro

¡Boing! Este marsupial australiano utiliza sus largas piernas para dar enormes saltos por el suelo. La cría se queda acurrucada y a salvo dentro de la bolsa.

Demonio de Tasmania

Haciendo honor a su nombre, este pequeño mamífero australiano es un marsupial carnívoro y feroz. ¡Sus terroríficos dientes pueden incluso atravesar los huesos!

A las crías de koala y de canguro se les llama joeys.

Zarigüeya

Las zarigüeyas, que viven en América del Norte y del Sur, son unos marsupiales diferentes ya que no tienen bolsa. Las crías se aferran con fuerza a su madre para estar a salvo.

Koala

Este peludo marsupial australiano se sube a los eucaliptos y come hojas. Las crías viven en la bolsa de la madre hasta que son demasiado grandes. Entonces se le montan en el lomo para desplazarse.

Narval

El narval usa su largo diente en forma de cuerno para arponear a los peces. ¡Su apodo es el de «unicornio del mar»!

Gigantes marinos

Algunos de los mamíferos más grandes de la Tierra cazan en el agua. Desde las enormes ballenas a los poderosos osos polares, estos hambrientos pesos pesados patrullan los mares en busca de comida.

León marino

Aunque pueden desplazarse por tierra, los leones marinos encuentran la comida en el océano. Nadan a gran velocidad para cazar peces, cangrejos o almejas y después se los tragan enteros.

Ballenas dentadas

Las ballenas dentadas carnívoras cazan peces, focas y otros animales. La comida favorita de este cachalote es el calamar de aguas profundas. En el interior de la enorme cabeza del cachalote se encuentra el cerebro más grande del reino animal.

Oso polar

El depredador terrestre más grande es también un gran nadador, se zambulle en el mar desde el hielo flotante para cazar focas. Si no encuentra ninguna foca, en su lugar se alimentará de animales muertos, como por ejemplo las ballenas.

Ballenas barbadas

Las ballenas barbadas, como la ballena jorobada, son unos de los animales marinos más grandes, pero se alimentan de unas criaturas realmente diminutas llamadas zooplancton. Utilizan sus inmensas bocas para filtrar la comida del agua.

Morsa

Su cuerpo grande y seboso mantiene a las morsas calientes en los mares gélidos. Nadan cerca del lecho marino utilizando sus largos bigotes para localizar a los cangrejos y a los erizos de mar. Usan sus dos inmensos colmillos para romper el hielo o para luchar con sus rivales.

Delfín

¡Los delfines siempre tienen ganas de jugar! A estos curiosos mamíferos les encanta nadar al lado de los barcos. Saltan limpiamente fuera del agua y luego se sumergen con un gran salpicón.

Espiráculo para respirar

Un delfín puede aguantar bajo el agua quince minutos cerrando el espiráculo de la cabeza.

Nutria marina

Estos pequeños mamíferos tienen un pelaje denso para mantenerse cómodos en aguas frías. Cuando duermen, se envuelven en capas de algas llamadas kelp, y así evitan alejarse flotando mientras descansan.

Marsopa

Estos parientes cercanos del delfín se le parecen, pero son más pequeños y tímidos. Tienen un gran apetito y siempre andan a la caza de peces para comer.

La nariz de una marsopa es más corta que la de los delfines.

Supernadadores

Los océanos son el hogar de superestrellas de la natación. Estos mamíferos marinos son suaves y lisos para poder fluir, deslizarse y sumergirse en su hábitat submarino.

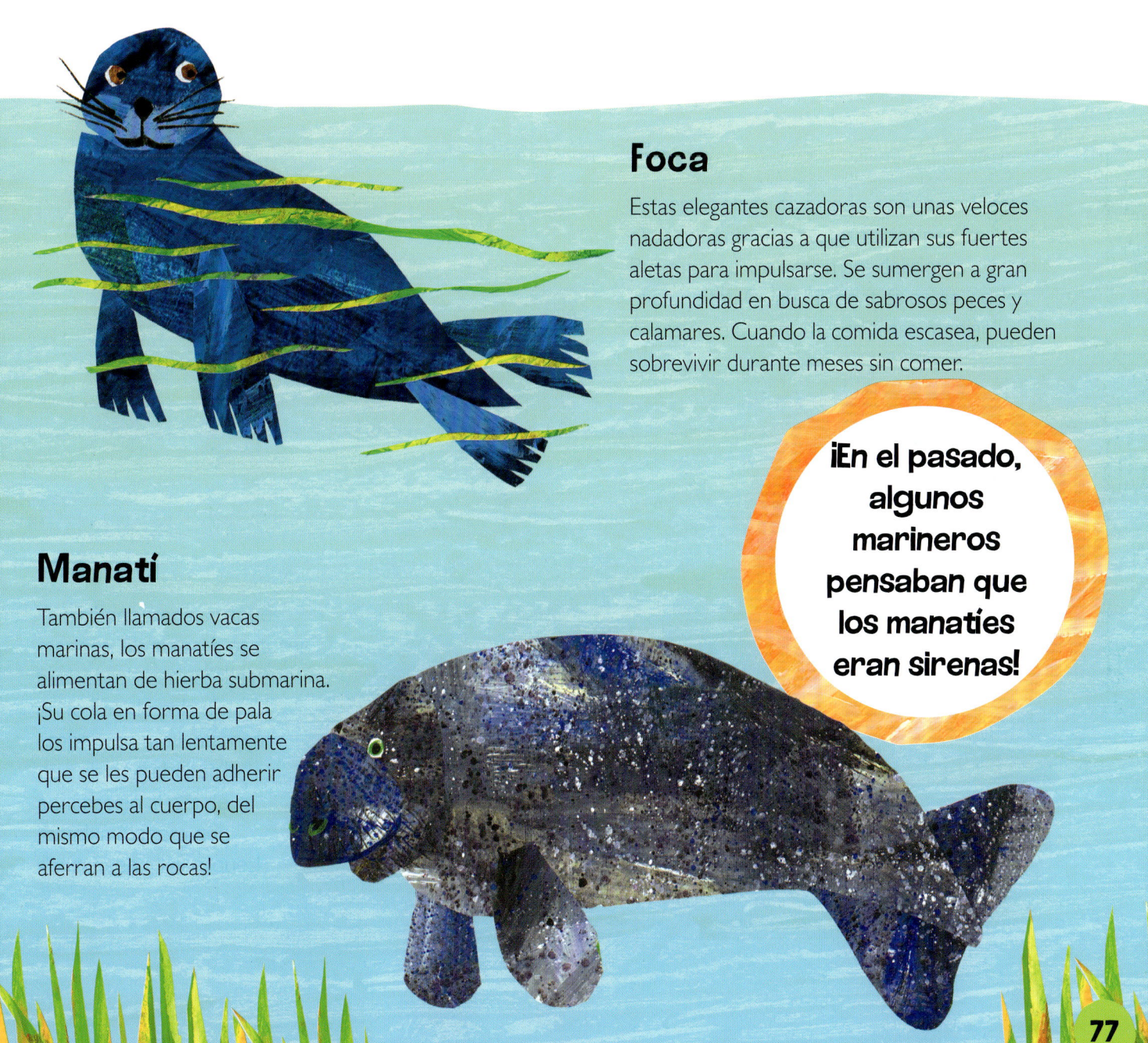

Foca

Estas elegantes cazadoras son unas veloces nadadoras gracias a que utilizan sus fuertes aletas para impulsarse. Se sumergen a gran profundidad en busca de sabrosos peces y calamares. Cuando la comida escasea, pueden sobrevivir durante meses sin comer.

¡En el pasado, algunos marineros pensaban que los manatíes eran sirenas!

Manatí

También llamados vacas marinas, los manatíes se alimentan de hierba submarina. ¡Su cola en forma de pala los impulsa tan lentamente que se les pueden adherir percebes al cuerpo, del mismo modo que se aferran a las rocas!

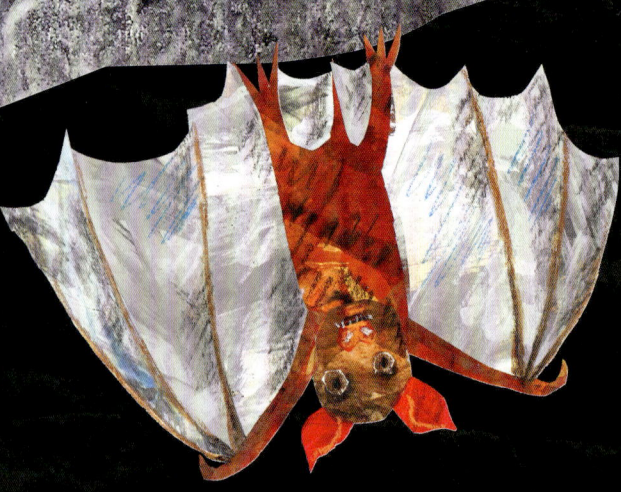

Murciélagos

Hay muchos tipos de mamíferos, pero los murciélagos son los únicos que pueden volar. Cuando oscurece, despiertan y salen volando de sus cuevas para alimentarse de insectos, de flores, de frutas, ¡o incluso de sangre!

En la oscuridad

Los murciélagos viven en cuevas oscuras o en bosques sombríos. Se juntan en grupos enormes llamados colonias y duermen durante todo el día, colgados bocabajo. ¡En una colonia puede llegar a haber 20 millones de murciélagos!

Datos familiares

Hábitat
Bosques, desiertos, cuevas y ciudades

Ubicación
Todos los continentes, excepto la Antártida

Dieta
Carne, plantas o fruta

Familia
Hay por lo menos 1300 tipos distintos de murciélagos

Vuelo nocturno

La mayoría de los murciélagos son nocturnos, es decir, que están despiertos por la noche. Usan sus fuertes alas y sus articulaciones flexibles para volar alto y cambiar de dirección mientras cazan insectos voladores.

Oyendo a la presa

Las ondas de sonido de los chillidos del murciélago alcanzan a la mosca.

Los murciélagos oyen a la presa usando la ecolocalización. El murciélago emite chillidos y escucha el eco que rebota en un insecto cercano. Usa este eco para averiguar dónde se encuentra el insecto y luego ataca.

El eco viaja de vuelta a los oídos sensibles del murciélago.

¡El minúsculo murciélago abejorro es del tamaño de una abeja y pesa menos que una uva!

Ardillas voladoras

A pesar de su nombre, la ardilla voladora no puede volar como un murciélago. Lo que hace este mamífero del bosque es extender el cuerpo al máximo y planear de la copa de un árbol a la de otro. Sin alas de verdad, solo puede recorrer distancias cortas.

Dietas diferentes

Casi todos los murciélagos comen insectos, pero unos pocos prefieren un menú muy distinto...

Murciélago de la fruta

También conocidos como zorros voladores, los murciélagos de la fruta usan su gran hocico y su larga lengua para sorber el néctar de las flores y chupar la fruta jugosa.

Murciélago vampiro

Como los vampiros de las historias de miedo, estos murciélagos hunden los dientes en sus víctimas y les chupan la sangre. Pero no te preocupes, ¡prefieren la sangre de las vacas antes que la humana!

Ponerse a salvo

Los mamíferos evitan a los depredadores de todas formas, desde mezclarse entre la multitud a quedarse congelados como una estatua o desaparecer en el paisaje.

Manadas solidarias

Algunos mamíferos viven en comunidad por seguridad. Las gacelas atraviesan la sabana africana en una enorme manada porque así dificultan a los depredadores poder elegir una sola presa a la que atacar.

Hacerse el muerto

Para defenderse, las zarigüeyas se tumban, se hacen un ovillo y se quedan quietas durante horas. Hacerse las muertas ayuda a engañar a los depredadores y que crean que son carne vieja y podrida que deben evitar.

Sorpresa fétida

Cuando las mofetas se sienten amenazadas, levantan la cola y liberan una nube de gas superapestoso. Este espray asqueroso también puede cegar temporalmente a los depredadores que se acercan demasiado.

Cuando están amenazados, los mapaches montan un verdadero escándalo, chillando y gritando para espantar a los depredadores.

Blanca como la nieve

El abrigo de piel blanca de la liebre ártica se mimetiza a la perfección con el paisaje nevado. Cuando se queda quieta, ni los depredadores de vista más aguda son capaces de divisarla.

Huida rápida

Los berrendos están entre los animales terrestres más rápidos, y también pueden correr velozmente largas distancias. Utilizan sus patas musculosas para superar en velocidad a los coyotes, los lobos y los osos.

Roedores

Hay más tipos de roedores que de cualquier otro mamífero. La variedad de tamaños va desde los fornidos capibaras hasta los ratones espigueros del tamaño de un pulgar.

Ardilla roja

A esta belleza de cola frondosa le encanta subirse a los árboles, perseguir a otras ardillas y mordisquear sabrosas nueces.

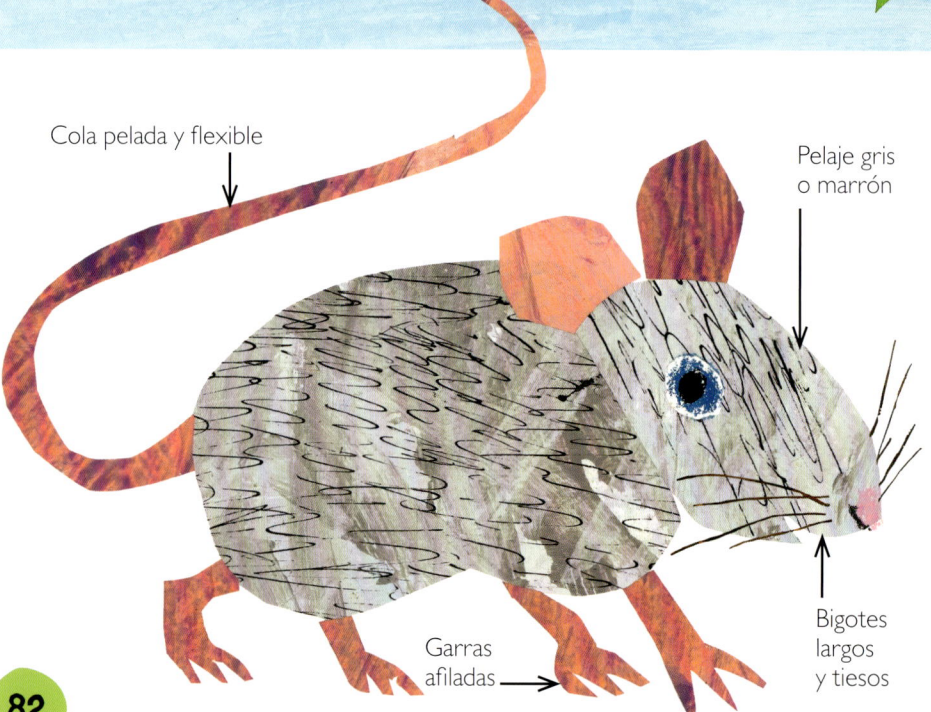

Cola pelada y flexible

Pelaje gris o marrón

Garras afiladas

Bigotes largos y tiesos

¡El ratón espiguero europeo es tan minúsculo que podría caber con facilidad en una cucharilla de café!

Ratón casero

El ratón común o ratón casero es el roedor más habitual del mundo. Corretea a cuatro patas, pero a menudo se sienta sobre las traseras para comer o cuando nota que hay peligro.

Expertos supervivientes

Los roedores pueden vivir en todos los hábitats, porque, como esta taltuza, la mayoría de ellos no son muy exigentes con la comida. Sus fuertes dientes pueden roer todo tipo de alimentos. Muchos roedores sobreviven con facilidad con la comida y las sobras de los humanos.

Taltuza

¡Los roedores están por todos lados! Casi la mitad de todos los tipos de mamíferos son roedores.

¡El diente naranja brillante de un castor contiene hierro de verdad! Este diente endurecido puede roer troncos de árboles gruesos.

Castor

Rata parda

Las ratas son muy buenas cuando se trata de escalar, excavar y nadar. Viven casi en cualquier sitio donde puedan encontrar comida, incluso en apestosas cloacas subterráneas.

Cobaya

Las cobayas silvestres viven en madrigueras en las montañas de América del Sur. Pero también son magníficas mascotas, ya que son simpáticas y curiosas.

Capibara

La capibara sudamericana es el roedor más grande del mundo. ¡Crece hasta alcanzar el tamaño de un perro labrador! Viven en grupos familiares en las riberas de los ríos con mucha hierba.

Ir bajo tierra

Los mamíferos excavadores perforan el suelo a gran profundidad.
Crean túneles y cámaras donde poder dormir, comer,
esconderse o tener a sus crías con seguridad.

Tejoneras

El hogar del tejón, este mamífero
tímido y sigiloso, se llama tejonera.
Los tejones salen por la noche para
alimentarse de insectos, fruta
y los huevos de las aves.

Conejera

Los conejitos viven en grupos
y excavan grandes madrigueras,
llamadas conejeras, para escapar
de los depredadores y de los
inviernos fríos. Aquí pueden
criar tranquilos a sus gazapos.

Guarida del armadillo

Durante el día, los armadillos se esconden en sus madrigueras subterráneas. Por la noche, trepan a la superficie y salen a husmear en busca de frutas e insectos.

Topera

¡Cuidado con las toperas! Estos montículos de tierra señalan la salida de los topos de la tierra.
Los topos usan sus pezuñas delanteras como espadas para cavar en el suelo y encontrar gusanos sinuosos.

Arquitecto animal

El ajetreado topo trabaja con ahínco para crear una mansión subterránea con habitaciones independientes unidas por túneles. Tiene una habitación para dormir ¡e incluso un almacén especial para sus deliciosos gusanos muertos!

Túnel del cerdo hormiguero

El cerdo hormiguero de garras afiladas tan solo tarda unos minutos en cavar un túnel, luego desaparece completamente bajo tierra.

Aves geniales

Aves hermosas

Estas fabulosas y emplumadas aves tienen una espectacular variedad de formas, tamaños y colores, pero todas ellas tienen algunas cosas importantes en común.

Plumas elegantes

Las aves son los únicos animales que tienen plumas, que además de mantenerlas calientes y secas, ayudan a que puedan volar.
Las de algunas aves son de colores llamativos para atraer a sus parejas.

Quetzal

¡Los huesos de muchas aves están llenos de agujeros! Eso hace que sean más ligeros y así les resulte más fácil volar.

Tucán

Picos brillantes

Las aves tienen un pico que usan como una herramienta para comer o mantener las plumas limpias. Los picos pueden ser de distintos tamaños y formas dependiendo de lo que coma el ave.

De altos vuelos

La mayoría de las aves pueden volar. Aletean con sus alas emplumadas para mantenerse en el aire, y utilizan las plumas de la cola para guiarse o para reducir la velocidad.

Águila dorada

Cuerpos calientes

Las aves son de sangre caliente, como nosotros. Esto quiere decir que su cuerpo puede generar calor. Así que, incluso cuando están en entornos fríos, las aves, como este lugano, pueden mantenerse calientes.

Poner huevos

Las crías de las aves salen de los huevos. Primero, la hembra pone un huevo y lo mantiene caliente y a salvo. Cuando llega el momento adecuado, el huevo se rompe. ¡Tachán! Ha nacido el polluelo.

Hay unos 10 000 tipos distintos de aves.

Dinosaurios vivos

Hace millones de años, los dinosaurios dejaron rastro de su existencia por todo el mundo. Pero ¿sabías que las aves actuales son las versiones vivas de aquellos animales prehistóricos?

Dinosaurio volador

Este es el arqueópterix, cuyo nombre significa «ala antigua». Tenía alas y plumas, como las aves modernas. Incluso podía volar, aunque solo distancias cortas.

Arqueópterix

Las alas tenían garras para escalar y sujetarse.

Pasado prehistórico

Algunos dinosaurios eran poderosos monstruos carnívoros con dientes afilados y garras cortantes. Pero junto a ellos había dinosaurios con plumas más pequeños, con brazos en forma de alas, como el velociraptor.

Velociraptor

Ave reptil

Al hoazín, de América del Sur, también se le llama ave reptil. Sus polluelos tienen pequeñas garras en las alas que les ayudan a agarrarse a las ramas, igual que su primo prehistórico, el arqueópterix.

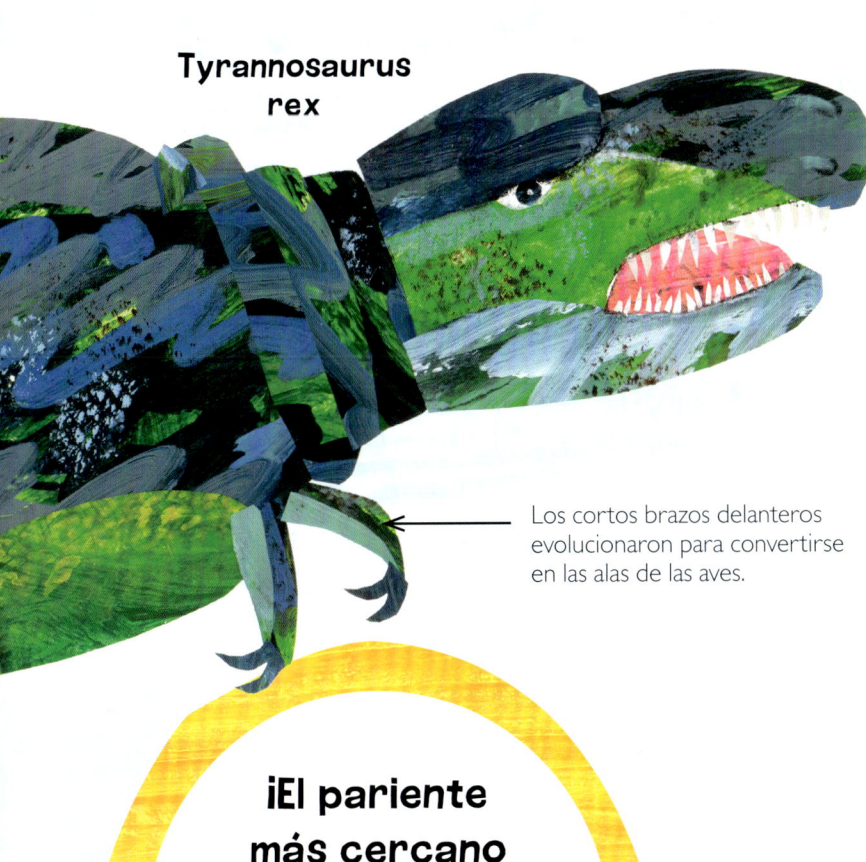

Tyrannosaurus rex

Los cortos brazos delanteros evolucionaron para convertirse en las alas de las aves.

¡El pariente más cercano del terrorífico Tyrannosaurus rex es el pollo de granja!

¡Muy parecidos!

Las aves modernas comparten muchas características con sus antepasados dinosaurios.

Piel emplumada

Todas las aves tienen plumas, y ahora sabemos que muchos dinosaurios de la época prehistórica también las tenían.

Pies con garras

Los pies de las aves están recubiertos de piel escamada, con garras en la punta de los dedos. ¡Se parecen un montón a los dinosaurios!

Poner huevos

Como las aves, los dinosaurios prehistóricos ponían huevos y muchos de ellos construían nidos para proteger a sus crías.

Pájaros cantores

Casi la mitad de las aves del mundo son pájaros cantores.

Cada mañana, los miembros de esta familia de pequeños pájaros llenan el aire de canciones melodiosas. ¡Si te levantas temprano, podrás escuchar el coro del amanecer!

Herrerillo azul

El pequeño herrerillo azul brillante tiene un trinar muy fuerte. Vuela de árbol en árbol en busca de sabrosos insectos para comer.

Petirrojo europeo

Tiene el pecho rojo y un trinar fuerte y alegre. Visita nuestros jardines a la caza de escarabajos y otros insectos.

Mirlo

En lo alto de los árboles, los mirlos macho cantan para atraer a las hembras. Los machos son de color negro brillante y las hembras de color marrón.

Sonidos cantarines

Cada pájaro cantor produce su melodía única y exclusiva. Los machos son los que cantan más alto, sobre todo para atraer a las hembras pero también para advertir a los otros machos de que se mantengan alejados.

Las patas se aferran con fuerza mientras el pájaro está cantando o durmiendo.

Datos familiares

Hábitat
Bosques, humedales, tierras de cultivo y parques

Ubicación
África, Asia, Europa, América del Norte, Oceanía

Dieta
Insectos, lombrices, arañas y gusanos

Familia
En este enorme grupo están los pinzones, los herrerillos y las currucas

Gorrión
Este amigable pajarillo vive por todo el mundo. Los machos pían y gorjean para invitar a las hembras a sus nidos.

Sinsonte norteño
Este inteligente imitador puede copiar las canciones de otras aves, ¡e incluso los sonidos de las alarmas de los coches y de las puertas que chirrían!

Ruiseñor
El ruiseñor macho canta por la noche y emite una canción fuerte y melodiosa para impresionar a las hembras cercanas.

Aves del bosque

Los bosques frondosos proporcionan a las aves ramas de las que colgarse, frutas e insectos para comer y lugares donde ocultarse de los depredadores hambrientos.

Pájaro carpintero

¿Qué es ese fuerte repiqueteo? Podría ser un pájaro carpintero, que martillea con su fuerte pico contra los troncos de los árboles para encontrar insectos o para hacer un agujero donde anidar.

Agateador de garganta blanca

Esta ave australiana silba mientras revolotea por el bosque. Su manjar favorito son las mariposas, a las que atrapa en mitad del vuelo, y las hormigas que corretean por el suelo.

94

Cardenal rojo

Esta colorida ave vive en América del Norte. Sus brillantes plumas rojas se deben en parte a las frutas y las bayas que le encanta comer.

¡De las semillas salen árboles!

Cuando un ave deja excrementos en el suelo del bosque, a menudo contienen semillas que el ave ha comido. Las semillas crecen y se convierten en nuevos árboles que pueblan el bosque.

Gura

Los bosques asiáticos son el hogar de esta paloma grande y azul. Vive en grupos, rebuscando fruta, insectos y gusanos en el suelo. Si un depredador se acerca demasiado, se sube volando hasta el árbol más cercano.

Kakapo

Este loro neozelandés es demasiado pesado para volar. Va dando saltitos por el suelo del bosque y utiliza sus garras afiladas para trepar a los árboles en busca de frutas y nueces.

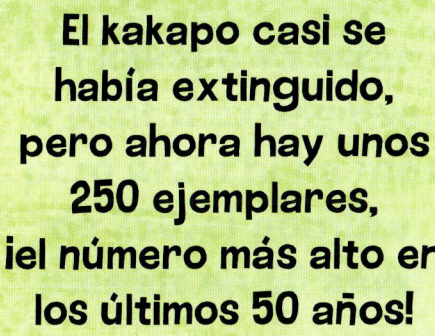

El kakapo casi se había extinguido, pero ahora hay unos 250 ejemplares, ¡el número más alto en los últimos 50 años!

Buscar pareja

¡Las aves macho hacen lo que sea para impresionar a las hembras! Para atraer a una pareja, pueden cantar, bailar, hacerles regalos tentadores o construir un hermoso nidito de amor.

Bailar una lenta

Los cisnes macho y hembra intiman ejecutando un baile elegante, en el que entrelazan los cuellos acariciándose suavemente.

Las parejas de cisnes permanecen juntas toda la vida.

El bailarín

La hembra del pájaro bobo de patas azules quiere un macho de patas azules, ¡y cuanto más brillantes, mejor! El macho ejecuta un baile deslumbrante para presumir ante ella del colorido de sus patas.

El coleccionista

El pergolero satinado macho de Australia reúne tesoros deslumbrantes, como caparazones, plumas o trozos de cuerda. Luego los deja a la vista con la esperanza de impresionar a alguna hembra cercana.

¡Que empiece el espectáculo!

El pavo real macho ejecuta un alarde teatral al desplegar por completo su espectacular cola. Se pavonea arriba y abajo, con la esperanza de que a una hembra que pase le guste lo que ve.

La cola de un pavo real puede tener 150 plumas.

El cantante

El ave lira australiana es un artista orgulloso. Primero crea un montículo de tierra y subido en él agita las imponentes plumas de la cola y llama la atención de las hembras cantando a todo volumen.

El constructor

El tejedor macho construye una increíble casa para mostrar. La entreteje con la hierba mejor y más fresca. Antes de trasladarse allí, una hembra la visita y picotea el nido para poner a prueba su resistencia.

Búhos

Al llegar la noche, los búhos despiertan, listos para salir de caza. Unas plumas especiales les permiten volar en completo silencio antes de abalanzarse sobre su desprevenida presa.

Datos familiares

Hábitat
Bosques, desiertos
y edificios agrícolas
Ubicación
Todos los continentes, excepto
la Antártida
Dieta
Animales como los ratones,
los pájaros y los insectos
Familia
Hay más de 200 tipos
de búhos

Bocinazos nocturnos

Aunque los búhos vuelen en silencio, ¡saben hacer ruido! Escucha su fuerte «uh, uh» por la noche. Eso quiere decir que dos búhos se están comunicando o que uno está marcando su territorio.

¡Escúpelo!
Los búhos no pueden descomponer la piel y los huesos de sus presas, de modo que escupen bolitas sin digerir. ¡Puaj!

Un grupo de búhos es una bandada.

Plumas de vuelo

Las alas del búho están cubiertas de unas plumas de vuelo supersuaves. Las alas se despliegan completamente y aletean sin hacer ruido.

Las orejas están escondidas bajo las plumas.

Fuertes garras →

Ojos que miran hacia delante

Temibles cazadores

Los búhos utilizan sus extraordinarios sentidos de la vista y oído para cazar. Se lanzan sobre la presa y la atrapan con sus fuertes garras. Desgarran la carne con su pico ganchudo y se tragan los trozos.

Acosador de la nieve

A diferencia del búho común, el búho de las nieves caza a plena luz en el verano ártico. Sus gruesas plumas blancas se mimetizan con el fondo helado y lo ayudan a ocultarse mientras caza.

Búho subterráneo

Muchos búhos viven en los árboles, pero el mochuelo de madriguera anida bajo tierra. Puede excavar su propia madriguera, pero suele preferir mudarse a una vacía de otro animal.

El pico más grande

El tucán de América del Sur tiene un pico muy grande, pero que pesa muy poco. Tiene el tamaño y la forma perfectos para estirarlo y coger las deliciosas bayas de las ramas de los árboles.

Loros parlanchines

Los loros tienen mucho que decir. ¡Algunos incluso pueden copiar las palabras que dicen las personas! En la familia del loro se encuentra este colorido guacamayo, así como los pequeños periquitos.

Caluroso y húmedo

La selva tropical es calurosa y lluviosa durante todo el año. En este clima crecen árboles gigantescos llenos de hojas y frutos jugosos. Todos esos alimentos convierten la selva en un hogar ideal para aves, insectos y otros animales.

Aves tropicales

Estas son algunas de las criaturas más coloridas de la Tierra. En los húmedos bosques tropicales, estas aves se dan un festín con la enorme variedad de frutas, frutos secos y bayas que crecen allí.

¿Deslumbrante o aburrido?

El colorido de este macho de ave del paraíso es espectacular, pero las hembras tienen unas plumas mucho más sencillas. Esto las ayuda a ocultarse de los depredadores mientras cuidan de sus polluelos.

En las selvas tropicales hay más tipos de aves que en cualquier otro hábitat.

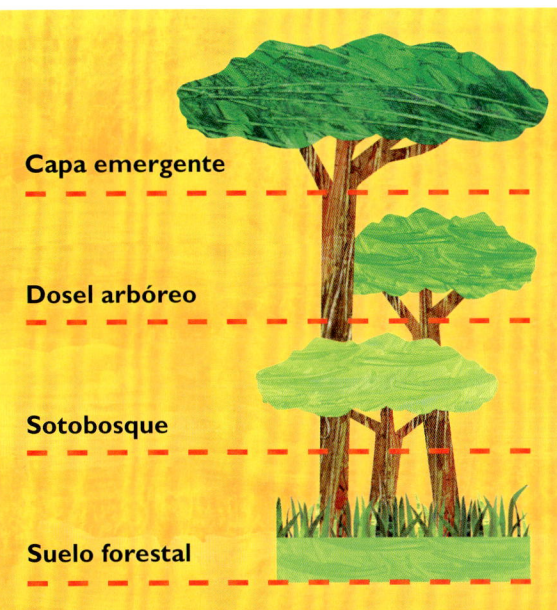

Capa emergente

Dosel arbóreo

Sotobosque

Suelo forestal

Las capas de la selva

La selva tropical tiene cuatro hábitats distintos en uno. La capa superior alberga mariposas y aves de presa. El dosel está lleno de loros, monos y reptiles. Los jaguares, los murciélagos y los lagartos viven en el sotobosque. El suelo está lleno de insectos y arañas enormes.

Caminador forestal

Como no puede volar, el casuario recorre el suelo en busca de fruta caída. Si es preciso, puede correr rápido para escapar de las serpientes pitón depredadoras y de los astutos cocodrilos.

Pescador de ranas

El diminuto martín pescador enano africano de brillantes colores caza en el sotobosque de las selvas tropicales. Permanece posado pacientemente a la espera de atacar a insectos y ranas.

Aves terrestres

¡Baja la vista para localizar a este tipo de ave! Las aves terrestres se alimentan y anidan en el suelo, y prefieren correr antes que volar. Solo alzan el vuelo cuando se sienten verdaderamente amenazadas.

Los pavos domésticos también se denominan gallipavos.

Pavo salvaje

Hacer un nido

Muchas aves terrestres no hacen sus nidos en los árboles, sino que ponen los huevos en agujeros en el suelo. Los polluelos recién nacidos aprenden a volar muy pronto para poder alzar el vuelo y ponerse a salvo si es necesario.

Perdiz

Machos y hembras

Muchas aves terrestres macho son grandes y atrevidas, con plumas brillantes para impresionar a las hembras. Estas suelen ser mucho más pequeñas y sencillas. Esto las ayuda a camuflarse mientras protegen a sus polluelos de los depredadores.

Perdiz nival macho

Plumas blancas

Perdiz nival hembra

A diferencia de muchas aves, el macho y la hembra de la perdiz nival son casi iguales.

Urogallo macho

Urogallo hembra

Gallo

Gallina

Plumas marrones para camuflarse bien.

Plumas largas en la cola

Marcas rojo brillante en la cara

Plumas con motivos marrones

Faisán macho

Faisán hembra

Aves de caza

Algunas aves terrestres son cazadas por el hombre como deporte o para comérselas. También se las llama «aves de caza» porque en algunas partes del mundo cazarlas es un deporte de competición.

103

Águilas extraordinarias

Las aves de presa más extraordinarias son las águilas. Planean por el aire, con su vista de águila fija en el suelo. Cuando divisan una posible presa, se lanzan en picado a gran velocidad y la atrapan con sus garras letales. ¡A la presa no le da tiempo a escapar!

A las aves de presa también se las llama aves de rapiña. A diferencia de los búhos, cazan sobre todo durante el día.

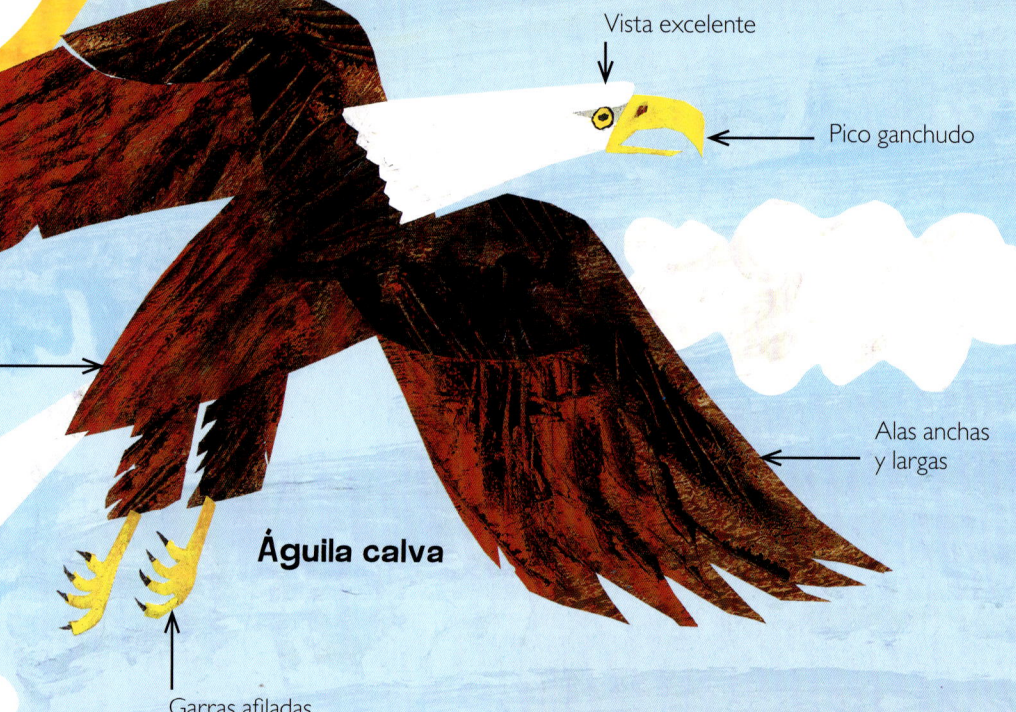

Vista excelente

Pico ganchudo

Cuerpo poderoso

Alas anchas y largas

Águila calva

Garras afiladas

Voladoras feroces

Las aves de presa son unas asombrosas cazadoras aéreas. Estas depredadoras tienen una vista aguda, una velocidad impresionante y garras afiladas para atrapar a la presa en movimiento.

Robar comida

Muchas aves de presa, como estos milanos reales, a menudo roban la comida a otros cazadores. Se abalanzan sobre un depredador, le arrebatan la presa fresca con las garras ¡y luego se alejan volando con su tesoro robado!

Comidas favoritas

Algunas aves de presa comen casi de todo, esté vivo o muerto. Otras son más exigentes y han desarrollado distintas tácticas para cazar la presa que prefieren.

Águila filipina

Esta ave de selvas tropicales es tan fuerte que puede coger un mono de un árbol y llevárselo con sus gigantescas garras.

Secretario

¡Cuidado, serpientes! Esta ave africana utiliza sus largas y fuertes patas para pisotear a las serpientes antes de comérselas.

Alimoche

A esta ave le encantan los huevos de avestruz. Como no los puede abrir con el pico, usa una piedra para romper los cascarones.

Equipo de limpieza

Algunas aves de presa dejan que otros cazadores les hagan el trabajo sucio. Los buitres se dan un festín con los restos podridos de presas muertas. Estas carroñeras ayudan a mantener su entorno limpio y evitan la propagación de enfermedades.

Anidar y eclosionar

Muchas aves construyen nidos para poner los huevos con seguridad. Cuando llega el momento adecuado, ¡C-R-A-C! Los polluelos salen del cascarón. Necesitan un cuidado constante hasta que están listos para abandonar el nido.

Escondrijo

Los pájaros carpinteros construyen nidos en los troncos de los árboles. Con ayuda del pico hacen un agujero dentro del árbol. Es un lugar estupendo para esconder los huevos de los depredadores entrometidos.

Hacer un nido

La mayoría de las aves construyen sus nidos en los árboles. Estos les proporcionan un lugar seguro para ocultar los huevos y criar a sus polluelos. Muchos nidos tienen forma de bol, con un hueco en el interior para depositar los huevos.

La forma redondeada del nido mantiene los huevos seguros.

Los nidos se hacen con hierba, ramitas, plumas, musgo y hojas.

Huevos de ave

Los huevos que ponen las aves pueden tener todo tipo de colores, dibujos y tamaños. Sus duros cascarones impermeables protegen a los polluelos en desarrollo. En el interior, la yema proporciona a los polluelos alimento para ayudarles a crecer.

El avestruz pone el huevo más grande de las aves. ¡Dentro de un huevo de avestruz caben unos veinticuatro huevos de gallina!

El colibrí abeja pone el huevo más pequeño de las aves. Cada huevo tiene el tamaño de un guisante.

Huevo de avestruz   **Huevo de gallina**   **Huevo de colibrí abeja**

Cucos descarados

Los cucos ponen un huevo en el nido de otra ave y luego se alejan volando. Cuando eclosiona, al polluelo de cuco lo cuidan como si fuera parte de la familia de la otra ave. Esta pequeña reinita roja está alimentando a un polluelo que es mucho más grande que ella.

Águila pescadora

Algunas aves hacen 1000 viajes de ida y vuelta al nido cada día para llevar comida a sus polluelos.

Casa a ras de suelo

Algunas aves, como este ostrero, ponen sus huevos en el suelo. Estos huevos suelen tener un diseño concreto para mimetizarse con el entorno, de manera que los depredadores no los vean fácilmente.

Ostrero

La vida de un polluelo

Después de que la madre ponga los huevos, los mantiene calientes y a salvo mientras los polluelos crecen en su interior.

Hora de salir del cascarón

Cuando están listos para salir, los polluelos picotean el cascarón hasta romperlo. ¡Hola, mundo!

Crías hambrientas

Los polluelos indefensos confían en sus padres para que los alimenten ¡Traed gusanos, insectos o semillas!

¡Hora de irse!

Las crías de las aves crecen rápido. En pocas semanas son demasiado grandes para su nido. Alzan el vuelo para empezar una nueva vida.

Aves de agua dulce

Muchas aves tienen su hogar en lagos y ríos. ¡Vivir en agua dulce significa que siempre se dispone de agua fresca para beber y una gran bañera en la que mantener las plumas limpias!

¡Al agua, patos!

A veces solo ves la parte posterior de un pato sobresaliendo del agua. Esto significa que está alimentándose bajo el agua, utilizando el pico para atrapar insectos y escurridizos caracoles de agua.

Hechas para nadar

Muchas aves de agua dulce tienen patas palmeadas para impulsarse y plumas gruesas para mantenerse calientes. Encuentran comida bajo el agua y anidan en los juncos o en la orilla.

Gansos ruidosos

¡Onk, onk! Escucha el sonido de bocina que hacen los gansos. Estas aves alzan el vuelo corriendo por la superficie del agua para coger la suficiente velocidad y poder despegar.

Cisnes elegantes

Estas hermosas aves se deslizan grácilmente por el agua. Para comer, estiran su cuello largo y flexible bajo el agua y sacan las plantas con que se alimentan.

Zancudas de patas largas

Algunas aves prefieren chapotear a nadar. Se desplazan por aguas poco profundas y meten su gran pico bajo la superficie para conseguir comida.

Cigüeña larguirucha

Es difícil no ver al marabú africano, con su cuello con buche colgante, pico gigante y piernas largas y flacas. Patrulla los humedales africanos en busca de peces, serpientes y ranas, pero también se da un festín con animales muertos.

Bellos flamencos

Miles de flamencos vadean juntos y rebuscan minúsculos camarones para comérselos. Incluso duermen de pie dentro del agua.

Garzas cazadoras

Estas altas aves utilizan el pico para atravesar a los peces bajo el agua. Siempre se los tragan empezando por la cabeza para que las espinas no se les queden atascadas en la garganta.

Los flamencos nacen con plumas grises. Se vuelven de color rosa gracias a los camarones que se comen.

Aves marinas

Nuestros océanos y costas acogen una enorme variedad de aves marinas. Algunas, como el albatros, pueden vivir en el mar durante años sin ni siquiera tocar tierra.

Frailecillo

Estas pequeñas aves están muy bien adaptadas para la vida marina. Tienen pies palmeados para moverse en el agua, plumas impermeables que las mantiene secas y estrías en el pico con las que agarrar incluso a los peces más escurridizos.

Alas cortas que actúan como aletas cuando el frailecillo nada.

Pico de bordes ásperos para agarrar fuerte a los peces.

Pies palmeados

Colonias en las alturas

Los grupos grandes de aves, llamados colonias, anidan a lo largo de la costa. Algunas aves viven durante todo el año en lo alto de los acantilados o en los salientes. Otras, que generalmente viven en el mar, forman colonias temporales cuando llegan a la costa para poner los huevos y criar a sus polluelos.

Colonia de araos

Gaviota

¡Coge bien fuerte tu helado! Las gaviotas son las carroñeras graznadoras del mar. Comen casi de todo, incluso restos animales de la playa, la basura de los cubos y hasta lo que tú te estés comiendo al lado del mar.

Islas de guano

En mitad del océano hay unas minúsculas islas rocosas cubiertas de excrementos de ave, llamado guano. Algunas colonias enormes de aves marinas generan tal cantidad de guano que la tierra queda sepultada bajo capas de un material blanco y apestoso.

En las islas rocosas sin árboles, ¡las aves marinas construyen los nidos con excrementos de aves!

Albatros

Te presento al ave con la mayor envergadura del mundo. El albatros puede planear durante horas sin ni siquiera batir las alas. Este experto volador puede incluso quedarse dormido a mitad de vuelo.

Alcatraz

Cuando un alcatraz divisa un pez, se zambulle de cabeza. ¡SPLASH! Rompe la superficie del agua a gran velocidad y atrapa a la presa.

Pelícano

El pelícano utiliza su monumental pico como una red de pesca. El buche elástico que tiene junto al pico puede almacenar más peces que su propio estómago.

Desfile de pingüinos

Hay 18 tipos de pingüinos. La mayoría, incluidos los que aparecen aquí, viven en la Antártida o en los alrededores. Están muy bien adaptados a la vida en este hábitat helado. Sin embargo, hay unos pocos tipos de pingüinos que viven en las zonas más cálidas del sur de África y de Australasia.

El más grande

Plumas densas para estar calentito.

El más rápido

Gruesa capa de grasa que lo protege del frío.

Pingüino emperador

Pingüino rey

Pingüino papúa

La crianza del pingüinito

Las hembras del pingüino rey ponen un solo huevo. Ambos progenitores se turnan para mantener el huevo en equilibrio sobre sus pies, darle calor y mantenerlo a salvo, cerca de su barriga. Las inmensas colonias de pingüinos rey se apiñan bien juntitos para protegerse del frío, mientras cuidan todos de sus huevos.

Aves antárticas

La Antártida es el continente más frío, seco y ventoso de la Tierra. Las aves tienen que ser resistentes y adaptarse a las durísimas condiciones atmosféricas.

La vida en el hielo

Los pingüinos no son las únicas aves que han instalado su hogar en el hielo. Estos tres tipos de aves también viven en el frío gélido de la Antártida.

Petrel níveo

Este petrel de un blanco puro se mimetiza con la nieve y el hielo. Esta resistente ave vive en la Antártida durante todo el año.

Cola para navegar en el agua.

El más pequeño

Alas en forma de aletas para nadar.

Pingüino de penacho amarillo

Pingüino enano

Págalo antártico

Los págalos cazan y rapiñan lo que encuentran, como peces, huevos de pingüino e incluso polluelos recién nacidos de pingüino.

Cerca del 97% de la Antártida está cubierta de hielo.

Movimiento oceánico

Los pingüinos no pueden volar. En tierra son patosos, pero en el agua son gráciles nadadores. Mueven sus alas como si fueran aletas y estas los impulsan a gran velocidad.

Paloma antártica

Estas aves comparten las mismas líneas de costa que las colonias de pingüinos, alimentándose de huevos y de los restos de otras aves.

Parece que los pingüinos vuelen bajo el agua mientras cazan deliciosos peces, calamares y los pequeños camarones llamados kril.

113

Aves que no vuelan

Algunas aves prefieren mantenerse en tierra firme. Puede que su cuerpo sea demasiado grande para volar, o que les resulte más fácil correr o nadar que volar.

Avestruz

El ave más grande del mundo es demasiado pesada para volar. En la sabana africana, el avestruz se da un buen festín con las plantas, los lagartos y las serpientes, y corren a gran velocidad para escapar de las hienas y los grandes felinos hambrientos.

El avestruz es más alto que dos hombres adultos.

Un cuello largo ayuda al avestruz a divisar el peligro.

Plumas suaves y lisas.

Cuerpo fuerte y pesado.

¡Un avestruz corre más rápido que un caballo de carreras!

Patas largas y potentes.

En el agua

Las aves que no pueden volar y que viven en el agua usan las alas como aletas para nadar.

Pato vapor no volador

En vez de utilizar las alas para volar, estos patos las baten en el agua para poder andar más rápido. Los patos vapor macho son muy enérgicos y a menudo tienen peleas encarnizadas.

Cormoranes no voladores

En las islas donde vive el cormorán no volador no hay depredadores, así que no le hace falta volar. Este experto nadador tiene pies palmeados y un pico con punta ganchuda para atrapar peces y anguilas.

En tierra

Las aves no voladoras que viven en el suelo a menudo tienen patas largas y fuertes para atrapar a sus presas y huir de los depredadores.

Kiwi

El ave no voladora más pequeña tiene el tamaño de un pollo. Sus minúsculas alas están ocultas bajo sus plumas. Al final del pico tiene unas fosas nasales que utiliza para olfatear insectos en el suelo.

Emú

El emú, una de las aves más altas del mundo, camina a zancadas por el desierto australiano con sus potentes patas. Recorre enormes distancias en busca de plantas, insectos y fruta que comer.

Correcaminos

Estas aves son capaces de volar, ¡pero prefieren no hacerlo! Pueden recorrer pequeñas distancias en el aire, pero generalmente están en tierra, donde corren más veloces que depredadores como los coyotes.

Reptiles y anfibios extraordinarios

Mamba verde

Reptiles

Los primeros vivieron en la Tierra hace millones de años y entre ellos estaban los dinosaurios. Los reptiles de hoy en día, cubiertos de escamas o placas dérmicas, son algunos de los animales más resistentes del planeta.

Hay más de 10 000 tipos distintos de reptiles.

Piel cambiante

Todos los reptiles se deshacen regularmente de su piel vieja y les crece una nueva. Las serpientes pierden su piel entera de una sola vez.

Basilisco verde

Las escamas de los reptiles están hechas de queratina, como tu pelo y tus uñas, y las plumas de las aves.

Víbora de los arbustos

Sangre fría

Los reptiles son de sangre fría, lo que quiere decir que su temperatura corporal es la misma que la del aire o el agua que los rodea. Para calentarse, salen al exterior y se tumban al sol. Para enfriarse, se colocan debajo de rocas o en zonas sombreadas.

Pitón real

Sobre todo carne

La mayoría de los reptiles son carnívoros, al acecho de insectos, aves, ranas o peces. Tras darse un buen atracón, pueden pasarse días, semanas o meses sin comer.

¡La pitón real puede sobrevivir con un descomunal festín al año!

Cocodrilo

Pasado prehistórico

Los primeros reptiles fueron unos animalitos parecidos a los lagartos. A lo largo de millones de años, se fueron convirtiendo en muchos dinosaurios diferentes. Como sus antepasados dinosaurios, los reptiles actuales están cubiertos de escamas y viven tanto en tierra como en el agua.

El herrerasaurus fue uno de los primeros dinosaurios en pisar la Tierra.

Crías de reptiles

Casi todos los reptiles ponen huevos. Algunos los entierran bajo tierra para que no se los coman los depredadores. A diferencia de las crías de los mamíferos, los reptiles recién nacidos deben cuidarse solos en cuanto salen del cascarón. ¡Son igualitos que sus padres, pero más pequeños!

Tortugas marinas enterrando sus huevos en la arena.

Blindaje

Los reptiles tienen una piel seca, recubierta de fuertes escamas o robustas placas dérmicas. Esta capa de armadura corporal evita que los depredadores les atraviesen la piel al morderlos.

119

Cazadores hambrientos

Los cocodrilos y los caimanes se quedan quietos en el agua, como si fueran grandes troncos flotantes. Entonces, cuando un animal pasa nadando o se detiene a beber, atacan con un chasquido de sus enormes fauces.

Cocodrilos y caimanes

¡Cuidado! Los cocodrilos y los caimanes son depredadores profesionales con fauces supergrandes que pueden pegar el mordisco más grande de la Tierra.

Fauces gigantescas para atrapar a la presa.

El cocodrilo tiene las fosas nasales y los ojos en la parte superior de la cabeza para poder respirar y ver cuando tiene el cuerpo bajo el agua.

Piel dura y escamosa

A los cocodrilos les pueden salir hasta 40 nuevas filas de terroríficos dientes durante su vida.

Caimán

Hocico más corto y robusto

Datos familiares

Hábitat
Lagos y ríos de agua dulce
y zonas costeras

Ubicación
África, Asia, Australia, América
del Norte, América del Sur

Dieta
Cualquier cosa con carne que cometa
el error de cruzarse en su camino

Familia
Los tres miembros son
los cocodrilos, los caimanes
y los gaviales

Madres cariñosas
Las hembras de los cocodrilos
excavan un hoyo en la ribera
arenosa del río para poner sus
huevos y luego utilizan su gran
cuerpo para mantenerlos
calientes hasta que eclosionan.
Las crías recién salidas del
cascarón son versiones perfectas
en miniatura de sus madres.

La potente cola le
impulsa el cuerpo
por el agua.

Esperando
al acecho
Los cocodrilos y los caimanes
parecen tranquilos mientras
toman el sol y dormitan en las
orillas de los ríos. Sin embargo,
estos hambrientos cazadores
pueden ponerse en acción en
un instante si ven un animal
que les pueda servir
de comida.

Encuentra
la diferencia
Por lo general, los caimanes
son más pequeños y oscuros
que los cocodrilos. A los
caimanes apenas se les ven
los dientes cuando cierran
la boca, pero ¡los cocodrilos
enseñan los suyos con su
famosa sonrisa de cocodrilo!

Cocodrilo

Hocico más estrecho
y puntiagudo

Lagartos

Hay más tipos de lagartos que de cualquier otro reptil. La mayoría de ellos corren y trepan, pero algunos también nadan, excavan, planean, se pegan al techo, ¡e incluso caminan sobre el agua!

El lagarto más pequeño de todos es el nanocamaleón. ¡Podría sentarse en la punta de uno de tus dedos!

Vida de lagarto

La mayoría de los lagartos tiene una piel escamosa, cuatro patas cortas y una cola larga. Pasan mucho tiempo tomando el sol, pero también pueden moverse rápido para perseguir a su presa o escapar de los depredadores. Tienen un gran apetito y algunos comen la mitad de su propio peso en insectos cada día.

Piel escamosa

Patas cortas y fuertes para reptar

Garras afiladas para agarrar

Lagartos antiguos

Los tuátaras vivieron junto a los dinosaurios hace millones de años y aún siguen entre nosotros. Estos lagartos de lomo espinoso viven en madrigueras en unas islas frente a la costa de Nueva Zelanda.

Pies pegajosos

Los gecos son unos de los lagartos más pequeñajos. Su habilidad más destacada consiste en reptar por paredes muy inclinadas y colgarse del techo sin caerse. Los piececillos del geco tienen unos pinchos peludos que se adhieren a las superficies.

Luciones

Estos reptiles europeos son unos lagartos poco comunes porque no tienen patas. En vez de eso, se deslizan por el suelo como las serpientes. Los luciones viven en madrigueras debajo de troncos o de piedras y comen, sobre todo, insectos, gusanos terrestres y babosas.

Datos familiares

Hábitat
Desiertos, selvas tropicales, bosques, pastizales y zonas verdes

Ubicación
Todos los continentes, excepto la Antártida

Dieta
Pequeños animales, insectos y a veces plantas

Familia
Más de 6000 tipos, entre ellos las iguanas, los gecos y los camaleones

Lagarto marino

Las iguanas marinas viven en las islas Galápagos frente a América del Sur. Toman el sol sobre las piedras y se sumergen en el agua en busca de comida. Las algas marinas, que son su principal alimento, le dan a su piel ese color rojo y verde.

Cola larga que les ayuda a equilibrarse

Planeadores del bosque

Conocido como dragón volador, el lagarto draco tiene unas aletas de piel en las patas que se abren como si fueran alas. Aunque no pueden volar como las aves, estos gráciles reptiles planean fácilmente entre los árboles.

Caminar sobre el agua

Los lagartos basiliscos son los únicos reptiles que pueden caminar sobre el agua. Para ello despliegan sus grandes pies y saltan a gran velocidad sobre la superficie líquida. ¡Es la manera perfecta de huir de los depredadores!

Dragones de Komodo

Aunque no respira fuego ni vuela como el dragón de un cuento, el dragón de Komodo es el lagarto más grande y temible del planeta. ¡Ostras!

El banquete del dragón

Los dragones de Komodo se comen casi cualquier cosa, como huevos de aves, cabras, búfalos ¡e incluso personas! Se ocultan en la selva esperando a que pase la presa. Entonces saltan, muerden a la víctima y le inoculan veneno para debilitarla y que no pueda huir.

Dientes afilados y mordedura venenosa

El cuerpo musculoso está recubierto de piel con escamas.

Lengua larga y bífida

Datos familiares

Hábitat
Selvas tropicales y costas rocosas

Ubicación
Indonesia, Asia

Dieta
Presas de todo tipo que tengan carne

Familia
La familia del lagarto monitor se compone de unos 80 miembros, entre ellos el dragón de Komodo

Los dragones de Komodo

Estos gigantescos reptiles llevan en la Tierra cuatro millones de años. Actualmente, los dragones de Komodo viven únicamente en unas pocas islas remotas de Indonesia. Se refrescan en el mar, descansan en madrigueras y olfatean a la presa sacando su lengua bífida.

Lagarto monitor de Dumeril

La familia del monitor

El dragón de Komodo es el miembro más alargado de la familia de los lagartos monitores. Los monitores, que se pirran por la carne, viven en todo el mundo. Caminan rápido y son buenos nadadores. Tienen los ojos constantemente abiertos buscando la siguiente comida.

Luchadores intrépidos

Los dragones de Komodo no tienen depredadores de los que preocuparse. Su única amenaza es otro dragón de Komodo. A veces los dragones grandes apresan a los más débiles, y los machos rivales a menudo luchan entre ellos con mucha ferocidad para conseguir a las hembras.

Los dragones de Komodo son los lagartos más grandes y fuertes.

Las defensas de los lagartos

Antes de abalanzarse sobre un lagarto, los depredadores deberían pensárselo bien. Estos pequeños y resistentes reptiles son expertos en supervivencia y utilizan tácticas ingeniosas y armas letales para evitar ser atacados.

El monstruo de Gila

El monstruo de Gila es uno de los pocos lagartos venenosos. Utilizan como autodefensa su picadura venenosa y mortífera, y así se aseguran de que los depredadores se mantengan alejados.

El diablo espinoso

Haciendo honor a su nombre, este habitante del desierto está totalmente recubierto de espinas afiladas. Estos pinchos pueden dificultar mucho a los depredadores agarrar o engullir a un diablo espinoso.

Lagartos cornudos

Este reptil del desierto responde a sus atacantes de manera sorprendente: les dispara chorros de sangre repugnante desde los ojos. Con esta aterradora táctica se asegura de que la mayoría de los depredadores no tarden en marcharse.

El lagarto verde occidental

Algunos lagartos tienen estrategias de huida sorprendentes. Si un depredador agarra a un lagarto verde occidental de la cola, parte de esta se rompe y así puede salir corriendo para esconderse.

Escinco de lengua azul

Si los depredadores se acercan mucho, este lagarto finge ser venenoso enseñando su lengua azul brillante. La mayoría de los atacantes retroceden inmediatamente, pero si no lo hacen, el escinco puede darles un desagradable mordisco.

Lagarto de gorguera

Ante una amenaza, los lagartos de gorguera abren las gigantescas solapas cutáneas del cuello para parecer cuatro veces más grandes. Pero eso no es todo; este pequeño pero intrépido lagarto también sisea fuerte y menea la cola para ahuyentar a los depredadores.

Los lagartos de gorguera pueden correr erguidos sobre las patas traseras cuando huyen del peligro.

Camaleones

Los camaleones son unas de las criaturas más coloridas de la Tierra. Cambian de color según la luz y la temperatura, ¡o a veces simplemente se ponen de un color a juego con su estado de ánimo!

A cámara lenta

Los camaleones prefieren quedarse quietos durante la mayor parte del día. Trepan a los árboles y se ocultan a la sombra de las hojas. Las garras prensoras y la cola flexible los ayudan a mantener el equilibrio sobre las ramas.

La cola enroscada ayuda a mantener el equilibrio.

Reptiles arcoíris

Los camaleones cambian de color cuando tienen miedo o están enfadados. Muchos camaleones cambian de marrón a verde, y luego al revés, pero algunos pueden cambiar a casi cualquier color del arcoíris.

¡Cuanto más brillantes son los colores, más enfadado está el camaleón!

Datos familiares

Hábitat
Selvas tropicales y desiertos

Ubicación
África, Asia, Europa

Dieta
Insectos, incluidos grillos y moscas

Garras afiladas para sujetarse

Cada ojo se mueve por separado para que el camaleón pueda ver en distintas direcciones.

La lengua se desenrolla para atrapar a la presa que pasa cerca.

Lengua pegajosa

Los camaleones tienen una lengua superlarga y flexible con una punta pegajosa. Cuando divisan a una presa, lanzan la lengua a una velocidad supersónica. ¡Zas! En cuanto el insecto se queda atrapado en la trampa pegajosa, el camaleón enrolla la lengua hacia dentro y se traga a la presa.

Los lagartitos más pequeños

Los camaleones enanos son los reptiles más pequeñines del mundo, y el más pequeñín de todos es el nanocamaleón. Se descubrió en el 2021 y vive en las selvas tropicales de Madagascar.

Casi la mitad de todos los tipos de camaleones vive en la isla africana de Madagascar.

Tortugas terrestres

Las tortugas terrestres se arrastran lentas pero seguras en busca de sabrosas plantas. Su duro caparazón complica sus desplazamientos, pero les proporciona protección ante el peligro.

Las tortugas terrestres tienen un supersentido del olfato para detectar comida sabrosa.

Devoradores de plantas

Muchos reptiles comen carne, pero las tortugas terrestres no. Son demasiado lentas para atrapar a su presa. En vez de eso, cortan hojas frondosas y ramitas masticables con su pico desdentado y de punta afilada.

La vida en el suelo

A diferencia de las tortugas marinas, las terrestres viven siempre en tierra. Pero les encanta chapotear en un charco de barro.

Datos familiares

Hábitat
Bosques, humedales y desiertos

Ubicación
África, Asia, Europa, América del Norte, América del Sur

Dieta
Hierba, frutas, hojas y ocasionalmente algún insecto o algún gusano

130

Escudo acorazado

El caparazón de las tortugas terrestres está hecho de unas sólidas capas, llamadas placas dérmicas, que están unidas entre sí. Si una rata o un cuervo hambrientos se acercan, la tortuga terrestre mete por completo la cabeza y las patas bajo el caparazón y se queda quieta. Incapaz de alcanzar ninguna parte comestible, el depredador se va enseguida.

Caparazón pesado en forma de cúpula

Patas traseras rechonchas

Garras afiladas para excavar

La boca tiene bordes duros, como el pico de un ave.

La giganta isleña

La tortuga de las Galápagos se lleva el premio a la tortuga terrestre más grande del mundo. Esta amable giganta mide lo mismo de largo que un sofá de dos plazas. Se encuentra en las islas Galápagos, frente a América del Sur, y puede vivir durante más de 200 años.

Las tortugas terrestres vivieron en la Tierra incluso antes que los dinosaurios.

Sombras y formas

Los caparazones de las tortugas terrestres pueden ser de distintos colores. Cuanto más claro es el color, más cálido es el hábitat. Las tortugas del desierto del Sáhara son las que los tienen más pálidos. La mayoría de caparazones tienen forma de cúpula, lo que dificulta poder morderlos. Sin embargo, el de esta tortuga de las rocas o tortuga tortita es plano como… ¡una tortita!

131

Tortugas marinas

Son muy pocos los reptiles que viven en el mar, pero las tortugas marinas están muy a gusto en el agua. Estas habilidosas nadadoras confían en sus caparazones para protegerse de los depredadores oceánicos.

Datos familiares

Hábitat
Principalmente océanos, pero también lagos y ríos de agua dulce

Ubicación
Los océanos de todos los continentes, excepto la Antártida

Dieta
Insectos, peces o plantas y algas oceánicas

A algunas tortugas marinas las limpian pececillos diminutos que les arrancan a mordisquitos la suciedad y la piel muerta.

Nadadoras aerodinámicas

Muchas tortugas marinas tienen caparazones más planos que los de las terrestres para dotarlas de una forma más aerodinámica para nadar. Usan sus aletas para propulsarse por el agua.

¿Qué significa un nombre?

Algunas tortugas marinas tienen un nombre que nos da pistas sobre su apariencia o su estilo de vida.

Tortuga mordedora

Esta tortuga no puede esconder la cabeza ni las patas dentro del caparazón para protegerse. En lugar de esto, usa sus poderosas fauces para intentar morder a los depredadores y asustarlos para que huyan.

La vida de una tortuga

Después de nacer, los machos de las tortugas marinas se pasan la vida en el mar. Las hembras adultas regresan a la costa cada año para desovar.

1. Huevos

Una hembra de tortuga marina vuelve a la playa en la que nació. Excava un hoyo, pone los huevos y luego regresa al mar.

2. Salir del cascarón

Tras seis semanas, los huevos eclosionan y las tortuguitas salen arrastrándose a la arena.

3. Tortuguitas

Las crías se dirigen rápido hacia la playa, intentado evitar a los cangrejos y las gaviotas hambrientos. Cuando llegan al mar, se alejan nadando y acaban convirtiéndose en adultas.

4. Adultas

Al cabo de diez años, las tortugas marinas ya son adultas y están listas para aparearse, poner huevos y empezar el ciclo vital una vez más.

Tortuga verde

Toma su nombre de la capa de grasa verdosa bajo el caparazón, que se debe a las plantas marinas de color verde que come.

Tortuga laúd

El caparazón de esta tortuga es suave, como el cuero. Aunque protege menos que un caparazón duro, el enorme tamaño y la gran velocidad natatoria de la tortuga la ayudan a escapar de la mayoría de los depredadores.

Sentidos serpentiles

Las serpientes no tienen orejas ni nariz. Lo que hacen es sentir las vibraciones en el suelo a través de la piel y huelen el aire «probándolo» con su lengua bífida sensible. Las venenosas tienen colmillos afilados para inocular el veneno en su presa.

Serpientes venenosas

Hay unos 600 tipos distintos de serpientes venenosas. Cuando cazan, primero dan un mordisco venenoso y luego abren la boca al máximo para tragar a la presa de un bocado.

Colmillos afilados y poderosas fauces

Cuerpo largo y flexible

Piel escamosa

Los ojos no tienen pestañas.

Cobra real

La cobra real es la serpiente venenosa más grande del mundo. Antes de atacar, se yergue furiosa y luego da el mordisco con un veneno lo bastante potente para tumbar a un elefante.

Taipán del interior

La taipán australiana del interior tiene el veneno más potente de todas las serpientes. En una mordedura hay veneno suficiente para matar a 100 personas.

Krait rayado

Este depredador submarino es sumamente venenoso. Atrapa anguilas emboscándolas desde un escondrijo en el arrecife de coral. Antes de que la anguila pueda soltarse, este feroz cazador la muerde a conciencia y luego engulle a la presa entera.

Los colores de la piel se integran en el entorno arenoso.

Cascabel cornuda

Su nombre en inglés es *sidewinder*, «la que serpentea de lado». Recibe este nombre por la manera en la que se desliza de lado por la arena. Es tan difícil de localizar que pilla a la presa desprevenida antes de que pueda escapar.

¡La cabeza de una serpiente de cascabel puede seguir dando un mordisco letal incluso si se la cortan!

Los colmillos inoculan una dosis letal de veneno.

Víbora de los arbustos

Colmillos fijos

Muchas serpientes venenosas tienen colmillos afilados que se contraen en el interior de la boca. Sin embargo, las serpientes de coral tienen unos colmillos más pequeños que están siempre en posición, listos para atacar.

Serpiente de coral

Coral ratonera

Serpiente imitadora

La coral ratonera imita con gran precisión a la serpiente de coral, pero, en realidad, es inofensiva. El dibujo de la piel engaña a los depredadores que creen que se trata de una serpiente demasiado peligrosa como para atacarla.

¿Qué hay de cenar?

Casi cualquier animal puede servir de alimento a una constrictor. Estas hambrientas carnívoras envuelven con su cuerpo a criaturas pequeñas y grandes, desde ratoncitos y ardillas hasta tortugas marinas y ciervos.

Cuerpo largo y musculoso

Boca ancha y elástica

Boa constrictor

Serpiente del maíz tragándose a una presa.

Apretar y tragar

Las serpientes constrictoras a menudo son descomunales y siempre poderosas. Una vez han aplastado la presa, abren la boca al máximo para poder tragársela entera.

Serpientes asfixiantes

Algunas serpientes no son venenosas, pero también son depredadoras letales. Las serpientes constrictoras se enrollan alrededor del cuerpo de su presa y luego aprietan muy fuerte para que la víctima no pueda respirar.

Pitón reticulada

Las pitón se encuentran entre las serpientes más largas del mundo, y la reticulada es la más larga de todas. Suele cazar por la noche. Unas zonas supersensibles alrededor de la boca, llamadas fosetas, perciben el calor que desprende la presa en la oscuridad.

¡Algunas pitones pueden tragarse incluso caimanes!

Boa arcoíris

Con su piel escamosa multicolor, la boa arcoíris reluce con la luz del sol de la selva. Esta gigantesca serpiente de la selva tropical tiende una emboscada a los roedores y a las aves del suelo, o busca anfibios al borde del agua.

Anaconda verde

La gigantesca constrictor de América del Sur ostenta el récord de serpiente más pesada del mundo. Nadadora furtiva, caza acechando silenciosa bajo el agua, a la espera de que los caimanes u otros animales se pongan a tiro de piedra.

Las hembras de las anacondas verdes pueden llegar a medir cinco veces más que los machos.

Serpiente índigo

Algunas serpientes no son venenosas ni constrictoras. Esta serpiente índigo es lo bastante fiera y fuerte para agarrar sin más a la presa con la boca y engullirla al instante.

Poner huevos

Muchos reptiles nacen de huevos. Las hembras ponen los huevos en lugares donde estén seguros hasta que las crías estén listas para salir.

La tortuga carey pone hasta 240 huevos de una sola vez. ¡Más que cualquier otro reptil!

Huevos de reptil

Los cocodrilos y las tortugas terrestres ponen huevos de cascarón duro.
Los de las tortugas marinas, las serpientes y los lagartos tienen cascarones más ligeros que son más fáciles de romper. Estos son algunos ejemplos.

Serpientes

Algunas serpientes hembra abandonan los huevos tras ponerlos. Otras se quedan cerca para vigilarlos y se van cuando eclosionan. Las crías tienen que sobrevivir por su cuenta desde el momento en el que nacen.

Tortugas marinas

Las hembras de las tortugas marinas ponen los huevos por la noche y luego regresan al mar. Cuando los huevos eclosionan, las crías se desentierran solas de la arena y comienzan su corto pero peligroso trayecto hacia la seguridad del mar.

La cobra real pone hasta 40 huevos ovalados.

La tortuga boba pone unos 130 huevos redondos.

Crías de luciones

El lución es un reptil inusual, porque la hembra pone los huevos ¡en el interior de su cuerpo! Los huevos eclosionan dentro de la madre y después las crías nacen como las de los mamíferos.

Tortugas terrestres

La mayoría de las hembras de estas tortugas ponen los huevos en primavera. Esto permite que las crías puedan crecer y ganar peso antes de hibernar. Las crías de tortuga ya salen del huevo con el duro caparazón a la espalda.

La tortuga de espolones africana pone hasta 30 huevos duros y redondos.

Cocodrilos

Si un huevo de cocodrilo se mantiene a una temperatura de 32 °C, las crías serán machos. Si los huevos se enfrían o se calientan más, serán hembras. La madre se mete a las crías en la boca para mantenerlas a salvo.

El cocodrilo del Nilo pone hasta 80 grandes huevos ovalados.

Lagartos

Algunos reptiles ponen los huevos en hoyos o bajo tierra para mantenerlos a salvo. Las hembras tapan los huevos con hojas o arena para ocultarlos. Eligen lugares muy húmedos para evitar que se sequen.

El dragón de cabeza angulosa del sur pone hasta ocho huevos ovalados.

Anfibios

Los anfibios nacen en el agua, pero cuando llegan a la edad adulta, pueden vivir en el agua o en tierra. Tienen una piel superlisa sin escamas ni pelo.

Las ranas, los sapos, las salamandras y los tritones son todos ellos tipos de anfibios.

Respira con facilidad

Los anfibios comienzan su vida en el agua, donde respiran a través de la piel. Su piel fina les permite coger el aire con más facilidad. A medida que crecen, muchos anfibios desarrollan pulmones para poder respirar cuando están en tierra.

Piel húmeda

Los anfibios deben conservar húmeda su piel lisa para poder respirar bien. Suelen estar cerca del agua, como este sapo, para poder asegurarse de que la piel no se les seca nunca.

Sapo común

Transformaciones totales

Muchos anfibios son completamente diferentes cuando son crías y cuando son adultos. ¡Es difícil imaginar que este renacuajo nadador tan pequeñín se vaya a convertir en esta rana saltadora y croadora!

Renacuajo de rana

Rana adulta

Tierra y agua

La palabra «anfibio» significa «doble vida» en griego. Por eso los anfibios tienen la posibilidad de vivir en tierra o en el agua. La mayoría viven en lugares donde pueden llegar fácilmente a ambos hábitats.

El anfibio más grande

La salamandra gigante, que rompe récords, es el anfibio más grande del mundo. De largo mide lo mismo que la altura de un hombre adulto. Puede vivir durante 50 años, más que cualquier otro anfibio.

Ajolote

A diferencia de otros anfibios, estas insólitas salamandras no cambian su aspecto de crías, pero no dejan de crecer. Si resultan heridos, a los ajolotes les salen nuevas partes del cuerpo. Si lo necesitan, pueden desarrollar un cerebro nuevo.

De sangre fría

Los anfibios son animales de sangre fría, esto quiere decir que no pueden controlar la temperatura del cuerpo, como hacen los mamíferos. Se calientan o se enfrían tomando el sol o buscando la sombra.

Tritón del este

1. Desove de rana

La hembra de la rana pone en el agua un conjunto de huevos llamado desove de rana. Los huevos tienen alrededor una capa de gelatina de protección. Pese a ello, los peces o los insectos se comen algunos de los huevos del desove.

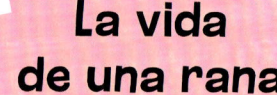

Desove de sapo

Los sapos pasan por un ciclo vital parecido al de las ranas. Una diferencia es que las hembras del sapo ponen los huevos en largas hileras en lugar de en una sola masa.

6. Vuelta a casa

En primavera, la rana hembra vuelve al estanque en el que nació para poner sus huevos. Y vuelve a comenzar el ciclo de la vida.

La vida de una rana

La rana comienza su vida como un minúsculo renacuajo con forma de pez. Luego pasa por distintas etapas hasta convertirse en un ejemplar adulto saltador y croador.

El ciclo vital

Los anfibios comienzan a vivir en el agua, luego su cuerpo cambia para permitirles vivir también fuera de ella. A esta transformación total se le llama metamorfosis.

5. Rana adulta

Tras unos cuatro meses, la rana ya es adulta. Su cuerpo musculoso está adaptado tanto para nadar en el agua como para saltar en el suelo. ¡Croac!

2. Renacuajo

Unas dos semanas después, los huevos eclosionan y se transforman en pequeñas criaturas de cola larga llamadas renacuajos. Se deshacen de la gelatina y empiezan a nadar.

3. Les salen patas

El renacuajo come plantas acuáticas y crece. La cola se le hace más pequeña y aparecen unos minúsculos botoncitos que acabarán transformándose en patas.

La cola ahora no es más que un muñón.

4. Rana joven

El renacuajo se convierte en una ranita o rana joven. Desarrolla pulmones para respirar aire, le salen cuatro patitas y tiene los pies palmeados.

Ovíparos excepcionales

Estas ranas y sapos son diferentes porque no ponen los huevos en el agua, como hacen la mayoría de sus parientes.

Sapo partero

Cuando la hembra pone los huevos, el macho los cuida. Se los coloca en las patas hasta que eclosionan.

Rana arborícola verde

Esta rana pone los huevos en la copa de un árbol, en un nido de espuma que hace con su propia baba corporal. La espuma evita que los huevos se sequen.

Rana de ojos rojos

Estas ranas ponen los huevos en las hojas de los árboles. El aire de la selva tropical es lo bastante húmedo para mantenerlos mojados.

Ranas y sapos

Las ranas y los sapos se encuentran entre los tipos más comunes de anfibios de la Tierra. Se sienten a gusto tanto dando saltitos por el suelo como zambulléndose en el agua.

Caras de rana

Las ranas tienen ojos saltones y cabeza grande. Tienen una boca ancha para atrapar a la presa y un croar sonoro para atraer a las hembras.

Patas potentes para saltar y nadar

Boca elástica

Pies palmeados

Datos familiares

Hábitat
Bosques, humedales y jardines con estanques

Ubicación
Todos los continentes, excepto la Antártida

Dieta
Insectos

El mundo de las ranas

Hay unos 5 000 tipos distintos de ranas que viven en todo tipo de hábitats.

Ranita de San Antonio

Estas ranas tienen unas diminutas ventosas en los dedos para poder aferrarse con fuerza a las ramas y a los tallos de las plantas. Viven en los árboles y solo vuelven al agua para poner sus huevos.

144

Sapos tóxicos

Los sapos son, por lo general, más grandes que las ranas, con patas más rechonchas y una piel más seca. Si los atacan, inflan el cuerpo para parecer más amenazadores. También sueltan veneno por la piel, de manera que cualquier depredador que les muerda se llevará un bocado envenenado.

Ojos grandes para divisar a la presa

Sapo común

Algunas ranas pueden hacer que la piel se les ponga más clara o más oscura para adaptarse al entorno.

Atrapar a la presa

Las ranas y los sapos cazan insectos vivos, pero no mastican a su presa. En vez de eso, abren su enorme boca, sacan una lengua pegajosa para atrapar a un insecto cercano y luego lo engullen entero.

Sapo de cuatro ojos chileno

Los dos ojos de más de este sapo son en realidad grandes manchas en la espalda. Estas marcas engañan a los depredadores, que creen que el sapo es más grande y amenazador.

Rana de la madera

Esta rana de Alaska tiene una manera especial de evitar morir congelada cuando hiberna en invierno. Su corazón deja de latir hasta el verano, cuando la rana se descongela y vuelve a la vida.

A la caza

Los tritones y las salamandras tienen una piel fina, cuerpo delgado y cola larga. Cazan olfateando a gusanos e insectos frescos. Luego sacan su larga lengua para atrapar a la presa.

Crías acuáticas

Los tritones y las salamandras ponen los huevos en el agua. Las crías recién salidas del huevo se parecen a los renacuajos de rana. Sin embargo, al crecer, a las crías les salen cuatro patas pero conservan la cola.

Cuerpo delgado

Cola larga

Lengua larga y pegajosa para atrapar a la presa

Piel lisa y fina

Salamandras de fuego

Tritones y salamandras

Aunque parecidos a los lagartos, los tritones y las salamandras son anfibios, como las ranas y los sapos. Los tritones se quedan sobre todo en el agua, mientras que las salamandras prefieren lugares húmedos en tierra.

Datos familiares

Hábitat
Dentro y cerca de ríos, lagos y estanques de agua dulce

Ubicación
Todos los continentes, excepto la Antártida

Dieta
Carne, como insectos y gusanos

Autodefensa

Los tritones y las salamandras utilizan diferentes tácticas para mantenerse a salvo. Muchos tienen una piel de colores brillantes, lo cual envía una advertencia a los depredadores de que si se los comen, se envenenarán.

Gallipato

Cuando percibe el peligro, este tritón moteado ¡saca hacia fuera sus afiladas costillas recubiertas de toxinas!

Salamandra común

Esta colorida criatura lanza chorros de veneno desde los poros de la piel.

Encuentra la diferencia

Una manera de diferenciar los tritones de las salamandras es mirarles la piel. La mayor parte de las salamandras tienen la piel brillante y lisa. La de los tritones está recubierta de pequeños bultitos.

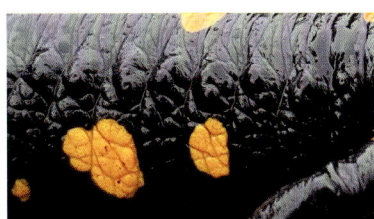

Piel de salamandra

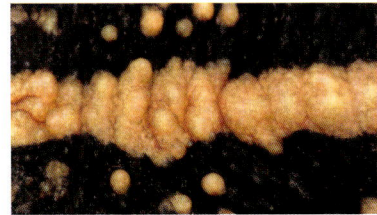

Piel de tritón

Cuerpos nuevecitos

Tanto a los tritones como a las salamandras les salen partes del cuerpo nuevas para reemplazar a las dañadas. Si pierden una pata o la cola, vuelven a crecerles en cuestión de semanas.

Cecilias

Estos anfibios largos y sin patas imitan bastante bien a los gusanos. Las cecilias construyen madrigueras subterráneas utilizando la cabeza para apartar la tierra. Usan sus cortos colmillos para masticar los serpenteantes gusanos.

Peces fantásticos

Peces

Los primeros peces aparecieron en los océanos y en los ríos de la Tierra hace unos 400 millones de años. Los peces actuales tienen una sorprendente variedad de formas, tamaños y colores.

Hay más de 33 000 tipos distintos de peces.

La cola impulsa al pez hacia delante.

La aleta dorsal ayuda al pez a cambiar de dirección.

Escamas impermeables

Las branquias absorben el oxígeno para que el pez pueda respirar.

Hecho para nadar

El cuerpo de los peces se adapta muy bien al agua. Unas hendiduras especiales llamadas branquias absorben el oxígeno del agua. Las escamas ayudan a los peces a moverse con más facilidad. Las aletas les ayudan a navegar y a ir erguidos, y la cola oscilante impulsa a los peces.

Los peces más grandes

El tiburón ballena es el pez más grande del mar; su longitud supera la de un autobús de dos plantas. Por su parte, el siluro o pez gato europeo es el pez más grande de agua dulce. Vive en lagos y ríos y es casi tan largo como dos personas adultas.

Tiburón ballena

Pez gato europeo

El banco más seguro

A menudo los peces se desplazan en grupos llamados bancos. Lo hacen por seguridad, ya que a los depredadores les resulta difícil elegir un solo pez entre una multitud de cientos o miles.

Pez piedra

Barracuda

Salada o dulce

Casi todos los peces viven en agua salada marina o en agua dulce, pero no en las dos. El pez dorado no podría sobrevivir en el mar, y un pez espada no puede vivir en un río. Los peces son de sangre fría, lo que quiere decir que su cuerpo está a la misma temperatura que el agua que los rodea.

Pez trompeta

Peces molones

¡Estos tres peces son decididamente diferentes a todos los demás!

Tetra rayos X

Este pececito de estanque tiene la piel transparente, con lo que su esqueleto queda a la vista, como si vieras los huesos humanos con rayos X.

Pez mano

El pez mano australiano camina sobre el lecho marino sobre sus cuatro aletas. Es un nadador malísimo y le es mucho más fácil andar.

Salmón rojo

Los salmones son una especie de peces insólita porque pueden sobrevivir tanto en agua dulce como en el océano salado.

Peces óseos

Como las personas, todos los peces óseos tienen un esqueleto hecho de huesos. Constituyen con diferencia el grupo más grande de peces.

Un cráneo duro recubre el cerebro.

La espina dorsal también llamada columna vertebral.

Armazón protector

El esqueleto es un armazón de huesos que protege órganos importantes como el corazón y el cerebro. También proporciona su estructura al cuerpo, ¡porque, si no, los peces no serían más que una masa informe!

Atún

Cuerpos flexibles

Aunque los peces óseos son fuertes, también son livianos y ligeramente flexibles, lo que permite que el pez nade más fácilmente. Los peces óseos no cambian de forma y esto les ayuda a navegar mejor. La aleta caudal añade potencia a medida que el pez mueve la cola para avanzar.

Los peces óseos constituyen el **95%** de los peces del mundo.

La aleta dorsal la sostienen
unas finas espinas óseas.

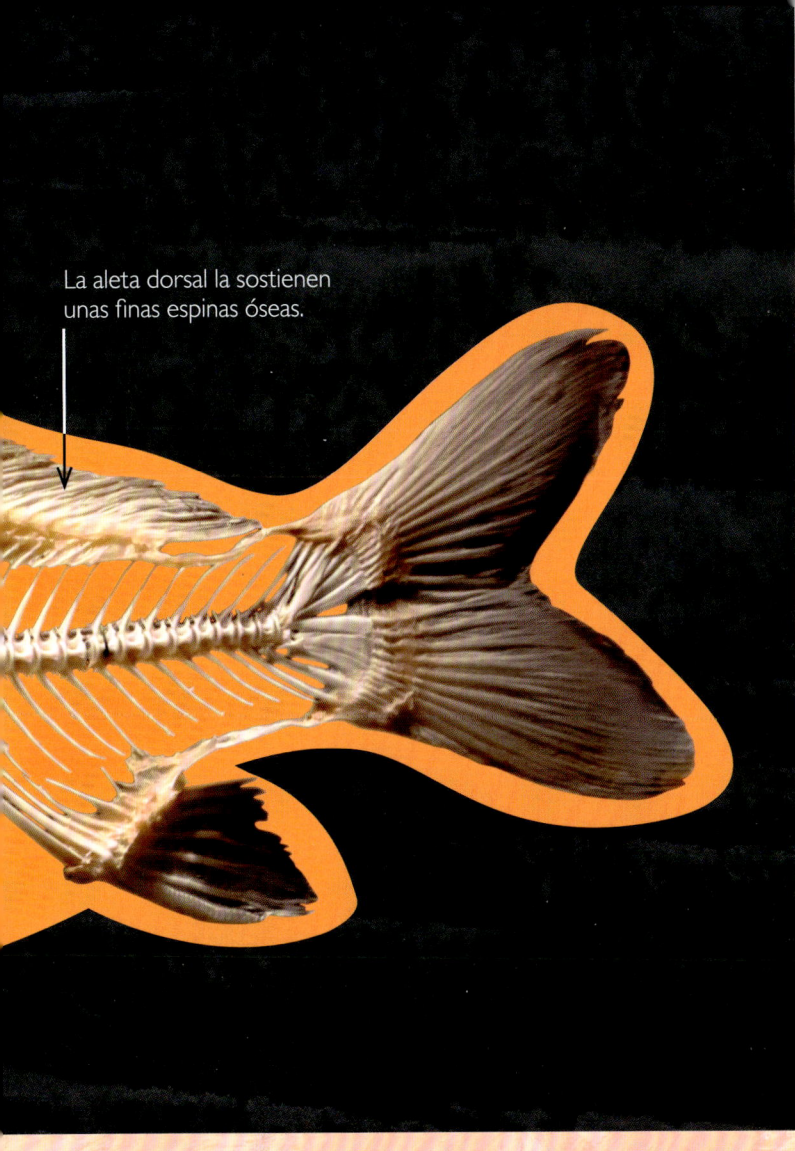

**Pez pipa
anillado**

Pez hoja

**Caballito
de mar**

Grupo gigantesco

Los peces óseos pueden tener una inmensa
variedad de tamaños y formas. Viven en todo
el mundo, tanto en el agua salada de los
océanos como en lagos y ríos de agua dulce.
Algunos viven solo unos pocos meses, mientras
que otros superan de largo los 100 años.

Lábrido amarillo

Pez ángel

El pez más pesado

El pez luna es el más pesado
de todos los peces óseos.
Tiene un cuerpo enorme,
redondeado y sin cola,
y pesa más que
un coche familiar.

Trucha arcoíris

La piel lisa
no tiene escamas.

Bacalao

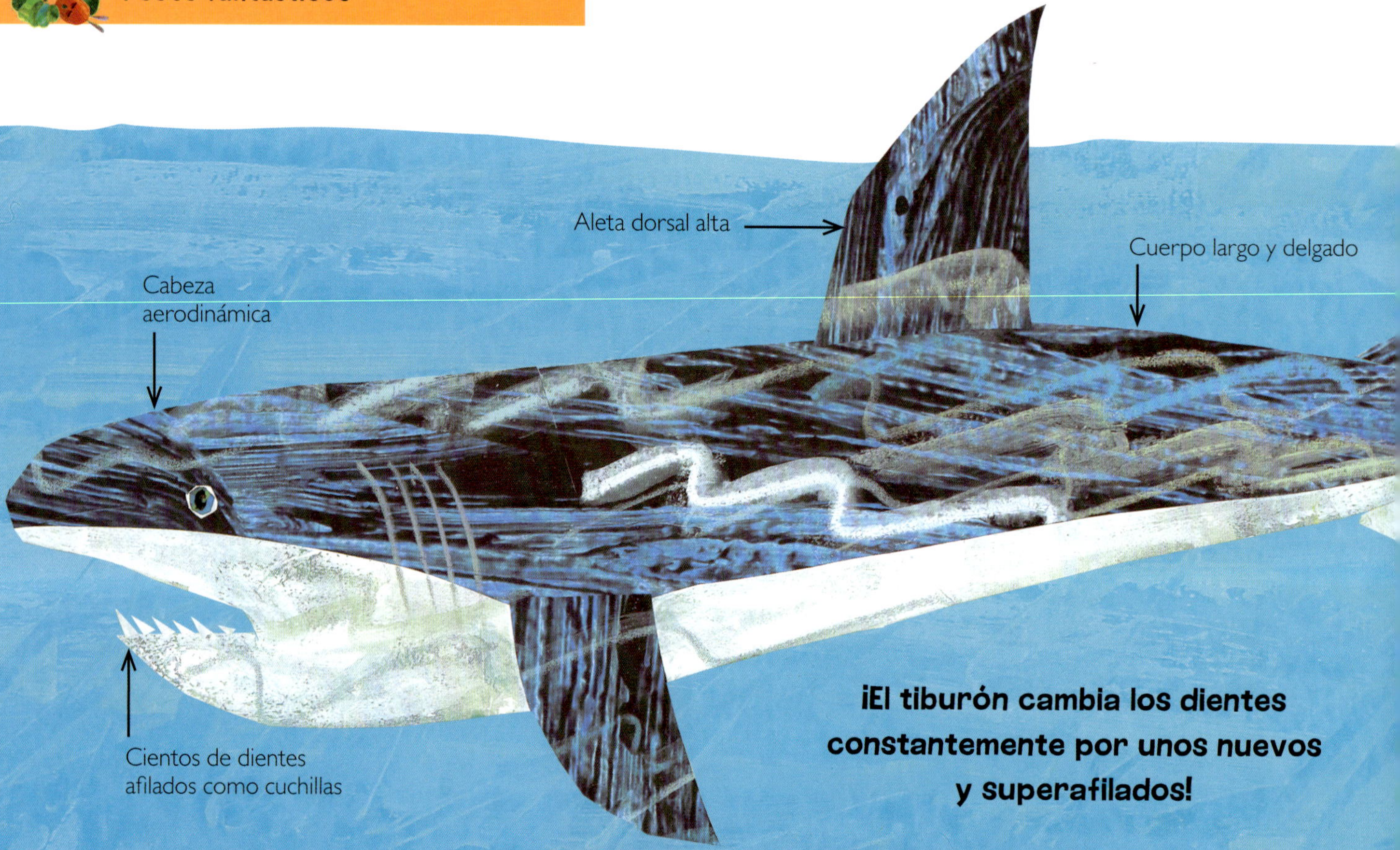

Aleta dorsal alta

Cuerpo largo y delgado

Cabeza aerodinámica

Cientos de dientes afilados como cuchillas

¡El tiburón cambia los dientes constantemente por unos nuevos y superafilados!

El gran tiburón blanco

El tiburón más grande del mundo tiene una vista excelente, un oído increíble y un sentido del olfato muy desarrollado. Este cazador es un superdepredador y su única amenaza son los humanos.

Tiburones

Los tiburones han gobernado los mares durante 400 millones de años. Siguen estando entre los cazadores más grandes y temibles de la Tierra.

Formas de tiburones

Hay más de 500 tipos de tiburones. Mientras que muchos no son más grandes que este libro, el tiburón peregrino tiene el tamaño de un camión.

Tiburón sierra

Este tiburón tiene una nariz larga y fina con dientes afilados a cada lado. Usa la nariz como espada para golpear y acuchillar en los bancos de pececillos.

Tiburón antiguo

El megalodón fue un tiburón superenorme de la época prehistórica. Era tres veces más grande que su descendiente, el gran tiburón blanco.

Megalodón

Gran tiburón blanco

Cola potente →

Vivir con tiburones

Algunos peces eligen vivir justo al lado de los letales tiburones. Las rémoras se dan un paseíto por el agua aferradas a la piel de un tiburón. Durante el trayecto, se comen cualquier resto de sabrosa carne caída de la boca del tiburón.

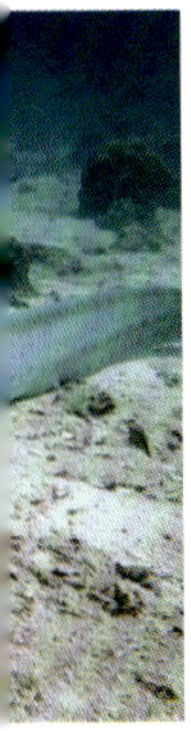

La rémora se engancha al tiburón con sus ventosas.

Tiburón leopardo

Este tiburón, de piel moteada como el leopardo, vive en aguas poco profundas y en los estuarios de los ríos. Los puntitos lo ayudan a cazar bajo la superficie del agua moteada por el sol sin ser visto.

Tiburón peregrino

Los descomunales tiburones peregrinos comen zooplancton, que son las criaturas más pequeñitas del mar. Estos tiburones nadan con la boca abierta, atrapando comida en las hendiduras óseas llamadas branquiespinas.

Rayas y ráyidos

Las rayas y los ráyidos son peces planos que usan sus enormes aletas en forma de alas para volar por los mares como aeroplanos subacuáticos.

La mantarraya gigante tiene el cerebro más grande de todos los peces.

¡La distancia entre las puntas de las aletas de la mantarraya es de la misma longitud que un autobús!

Las aletas se mueven arriba y abajo.

Mantarraya gigante

Rayas

El cuerpo de las rayas es plano en forma de diamante. Tienen los ojos en la parte superior del cuerpo y la boca está por debajo. Nadan sobre el lecho marino para cazar peces y moluscos.

Mantarrayas

El nombre del miembro más grande de la familia de las rayas procede de la forma de manto de su cuerpo.
A pesar de su tamaño, puede saltar fuera del agua cuando intenta evitar a los depredadores.

Rayas de aguijón

Algunas rayas más pequeñas están armadas con aguijones venenosos. Una espina superafilada al final de la cola de la raya de aguijón inocula a los depredadores que se acercan demasiado una desagradable dosis de veneno.

Cuerpos flexibles

Si te apretaras la punta de la nariz, notarías que es blanda y flexible. En vez de hueso, está hecha de cartílago. El cuerpo de las rayas y de los ráyidos también está hecho de cartílago, lo que los hace más flexibles que los peces óseos.

Hay unos 500 tipos de rayas y unos 150 de ráyidos.

Ráyidos

Estos peces se parecen a las rayas, con cuerpos planos y grandes aletas en forma de alas para nadar. Los ráyidos tienen espinas afiladas por toda la espalda y la cola para atravesar a la presa.

La raya gigante mide casi lo mismo que un tigre.

Raya gigante

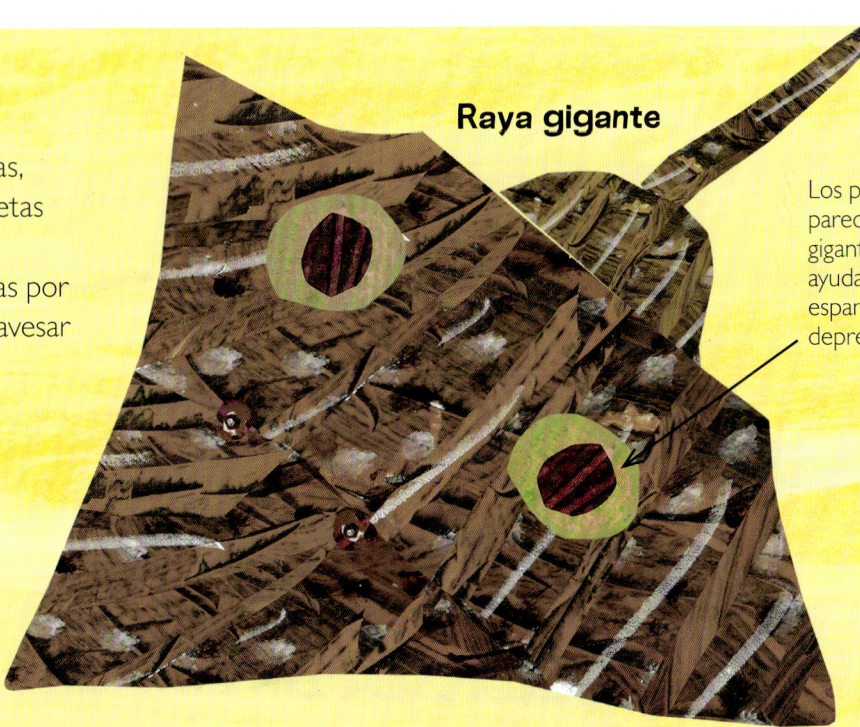

Los puntos parecen ojos gigantes y la ayudan a espantar a los depredadores.

Rayas abisales

La zona de medianoche del mar es oscura y fría, y la presión es tremenda. Las rayas abisales sobreviven en este inhóspito hábitat alimentándose de minúsculas criaturas marinas.

Rayas árticas

Estos resistentes peces viven en las heladas aguas del Ártico y del Antártico. Utilizan su cola de espinas para defenderse y sus dientes puntiagudos para masticar pececillos y crustáceos.

Sorbedores resbaladizos

Los peces sin mandíbula no pueden abrir y cerrar la boca. Comen apretando sus bocas-ventosa sobre los animales de presa y luego les arrancan la carne con los dientes afilados y una lengua dura.

Lampreas

Las lampreas tienen forma de anguila y un cuerpo largo, resbaladizo y viscoso. Como los tiburones y los peces planos, su cuerpo está hecho de cartílago flexible, no de huesos. A diferencia de muchos peces, no tienen escamas.

Aleta caudal.

¡Festival de la baba!

Los peces bruja cazan a sus presas en el fondo marino. Su cuerpo supura enormes cantidades de babas para cubrir a sus víctimas y hacer que dejen de respirar. Si encuentran carne muerta, los peces bruja también la recubren de babas para asegurarse de que ningún otro animal intenta unirse al festín.

Tentáculos alrededor de la boca para localizar presas.

En Estados Unidos, el Día del Pez Bruja celebra cada año la existencia de estos animales.

Peces sin mandíbulas

Hace millones de años, los primeros peces de la Tierra no tenían mandíbulas. Algunos de ellos han sobrevivido como chupadores de sangre, vampiros lanzadores de babas del mundo submarino actual.

Fosas nasales en la parte superior de la cabeza para localizar a la presa.

Cuerpo largo recubierto de baba.

Chupasangres

Las lampreas se alimentan de la sangre de otras criaturas vivas. Su inmensa boca redonda, que está revestida de diminutos dientecillos, funciona como una aspiradora que se agarra al cuerpo de un pez óseo y le chupa la sangre.

La baba supura por los diminutos poros de su piel.

Peces bruja

Como las lampreas, los peces bruja no tienen huesos. Su cuerpo es tan flexible que pueden atarse a sí mismos en un nudo perfecto. Lo hacen para agarrar mejor a una presa, o para escabullirse de los depredadores.

Hay más de 100 tipos distintos de peces sin mandíbulas, todos ellos de la familia de la lamprea o de la del pez bruja.

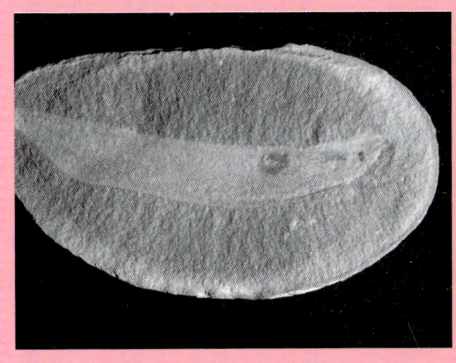

Fósiles vivos

Cuando los científicos descubrieron un pez bruja fosilizado de hace 300 millones de años, tenía el mismo aspecto que el pez bruja actual. Estos peces nunca han tenido que cambiar porque su método de caza con babas tiene mucho éxito.

Supercazadores

El mar está lleno de depredadores letales con un gran apetito. Algunos logran su presa con precisión asombrosa, mientras que otros sencillamente los destrozan con sus terroríficos dientes.

No todos los tipos de piraña son feroces carnívoras. Algunas son vegetarianas.

Pirañas

Estos pececillos de América del Sur tienen dientes superafilados para desgarrar la carne de los peces en pocos segundos. Las pirañas de vientre rojo son especialmente feroces. Cazan en grupo, atacando lo que se encuentran por el camino. A menudo lo único que dejan es el esqueleto.

Ojos grandes para ver en el agua turbia.

Dientes muy afilados

Piraña de vientre rojo

Pez lobo

Este depredador de boca inmensa tiene el cuerpo largo y viscoso y dos temibles colmillos frontales, como los caninos del lobo. Con estos afilados dientes y su boca ósea atraviesa y aplasta las conchas de los cangrejos, las langostas y los erizos de mar.

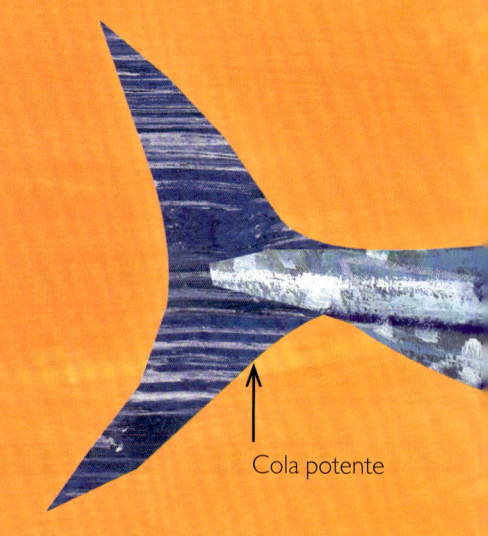

Cola potente

Pez tigre Goliat

Estos gigantescos depredadores viven en los ríos y los lagos de África. Cazan en grupo, arrinconando a su presa y atacando con su dentadura en forma de daga. Son tan intrépidos que atacan a los cocodrilos e incluso a las personas.

Anguila eléctrica

Hace honor a su nombre y da descargas eléctricas a sus víctimas. Tres órganos especiales de su cuerpo pueden crear la potencia suficiente para aturdir o matar a peces y cangrejos.

Pez espada

El pez espada nada a gran velocidad por el mar en busca de su presa. Una estocada de su larga y afilada nariz en forma de espada basta para aturdir a los pececillos, y así el pez espada puede abalanzarse y comer hasta hartarse.

Piel lisa sin escamas

Largo pico sin dientes

Habilidades de supervivencia

La mayoría de los peces que viven en las profundidades del mar tienen esqueletos blandos para evitar que los aplaste la presión del agua que hay por encima. Algunos disponen de ojos enormes para ver en la oscuridad. Otros generan su propia luz para atrapar a las presas o atraer a las parejas.

Rape

Cuando cazas en la oscuridad, una solución es ¡tener tu propio sistema de iluminación! El rape agita una luz resplandeciente, como si fuera una caña de pescar, para tentar a los peces a acercarse.

La luz se crea con bacterias brillantes.

Dientes afilados y curvos

Criaturas de las profundidades

Sobrevivir en las profundidades más oscuras del océano es muy difícil. Solo unos pocos peces pueden soportar la intensa presión, el frío glacial y la constante penumbra.

El estómago se estira para dar cabida a la presa en su interior.

Pez con colmillos largos

Este temible pez merodea por las aguas de las profundidades marinas antes de dirigirse a las aguas poco profundas para cazar. Atrapa a la presa con sus enormes colmillos, sin dar ocasión a los pececillos y a los calamares a soltarse.

El pez con colmillos largos nada con la boca abierta. Sus dientes delanteros son tan largos que nunca la puede cerrar del todo.

Tiburón duende

Este tiburón tiene un hocico superlargo y dientes afilados alineados en las descomunales fauces. El hocico localiza a la presa en la oscuridad, mientras que la mandíbula sobresale hacia delante para que los dientes puedan morder con más facilidad a los peces y a los calamares.

Pez hacha

La hilera de luces bajo la barriga del pez hacha es tan brillante que lo ayuda a mimetizarse con el agua bañada por la luz de sol de más arriba. Estos peces también pueden salir a la superficie ¡y saltar fuera del agua!

Órganos especiales que generan una luz tenue. ➡

Saltarines del fango

Casi todos los peces del mundo viven en el agua, pero hay excepciones a la regla. Te presento al pez que puede vivir fuera del agua…

Vivir en tierra

Los saltarines del fango viven en hábitats pantanosos y pueden respirar dentro y fuera del agua. Utilizan sus aletas para saltar, trepar o arrastrarse por el suelo mientras cazan pequeños crustáceos, insectos y gusanos.

Los saltarines del fango pueden respirar por las agallas y por la piel.

Los saltarines del fango pueden permanecer en tierra el 90% de su vida.

Ojos saltones que pueden ver en todas direcciones.

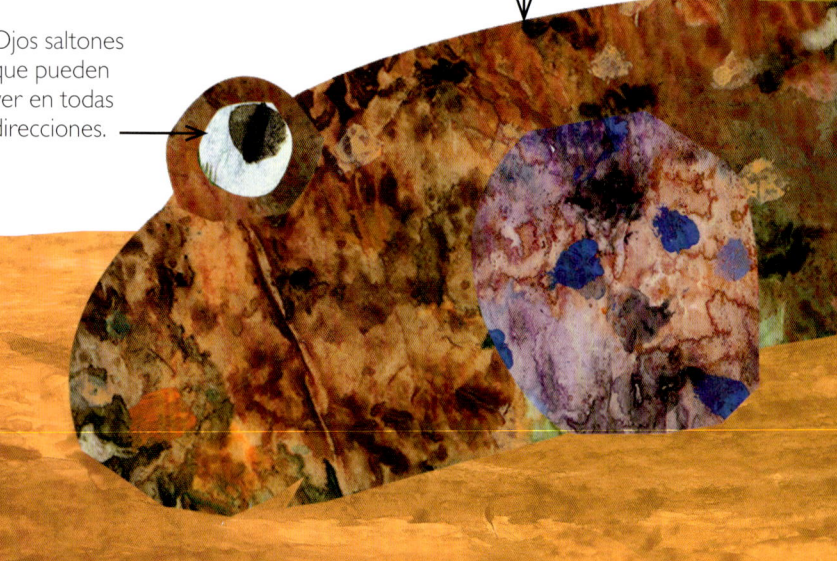

Peces amantes de la tierra

Los saltarines del fango no son los únicos peces que pueden sobrevivir fuera del agua. Aquí tienes otros tres sorprendentes peces que son capaces de saltar fuera del agua y pasar tiempo en tierra firme.

Pez gato caminador

Como una serpiente resbaladiza, el pez gato asiático puede serpentear por el suelo durante horas mientras viaja entre distintas fuentes de agua. Utiliza los bigotes alrededor de la boca para encontrar a las presas.

¡Muévelo!

Los saltarines del fango reciben el nombre por la manera en que parece que «salten» entre el lodo blanducho.

Aletas fuertes

Saltarín del fango atlántico

Rivulín de manglar

Cuando los ríos se secan en su hábitat pantanoso, este pececillo puede sobrevivir en el suelo durante meses. Encuentra un tronco hueco y pastoso y se traslada a su interior hasta que puede volver a su hogar en el río.

Pez pulmonado

Este pez vive en África, donde las sequías pueden durar mucho tiempo. Con tiempo seco, se acurruca en un charco de barro y duerme hasta que vuelve a llover. Puede pasarse nada más y nada menos que cinco años sin comer ni beber.

165

A la defensiva

El mar puede ser un lugar peligroso, lleno de depredadores. Los peces usan tácticas ingeniosas para ocultarse o defenderse. Ninguno quiere acabar siendo el almuerzo de otro animal.

Lábrido payaso

Las dos grandes marcas de su cuerpo parecen ojos gigantes. El lábrido payaso serpentea por la arena y solo quedan a la vista las marcas. Cuando ven los grandes ojos, los depredadores ¡dan por hecho que el pececillo es demasiado grande para comérselo!

El pez erizo tarda uno o dos segundos en inflar el cuerpo por completo.

Cuando el pez erizo está tranquilo sus espinas permanecen planas.

Pez payaso

Las anémonas de mar ayudan a los peces payaso a esconderse. Protegidos por una cubierta que evita los pinchazos de los tentáculos venenosos de la anémonas, cuando los depredadores se acercan demasiado nadan hacia el interior de las anémonas y se refugian allí.

Este pez puede inflarse hasta tres veces su tamaño.

Peces erizo

Este pez tropical está cubierto de espinas afiladas. Si el depredador se acerca, el pez erizo absorbe agua y se infla para formar una gran bola de púas. Los depredadores no pueden envolverlos con sus mandíbulas sin resultar heridos.

Pez león

El pez león rayado es uno de los más mortíferos del mar. Sus espinas traseras parecen bonitas, pero están dotadas de un veneno que puede matar a los depredadores al instante.

Sepia

Esta maga marina puede cambiar instantáneamente el color, el dibujo y la textura de su piel. Las transformaciones se integran con el entorno y así engañan a los depredadores que creen que la sepia es parte del paisaje.

Raya de arrecife

Los brillantes puntos azules de esta raya de arrecife son una señal colorida de «manténgase alejado». Si los depredadores ignoran la advertencia y se acercan demasiado, el pez expulsa un veneno por el aguijón de la cola. ¡Ay!

Platija

Este pez evita el peligro apretando su cuerpo plano sobre la arena del lecho marino.
Los depredadores nadan por encima de ellas sin ver la sabrosa presa que se oculta más abajo.

Carpa

Te presento a la familia más numerosa de peces de agua dulce. Sus miembros van desde las colosales carpas de río multicolores a los peces dorados que tenemos en una pecera en casa.

La increíble carpa

Casi ningún tipo de carpa tiene dientes. Así que engullen la comida entera. Tampoco tienen estómago, pero gracias a sus intestinos superlargos pueden digerir la comida.

Datos familiares

Hábitat
Ríos, lagos y estanques de agua dulce, y los acuarios de nuestras casas

Ubicación
Europa, Asia

Dieta
Insectos, plancton y plantas acuáticas

Familia
Unos 2000 tipos, entre ellos la carpa, el besugo, la tenca, el barbo y el pez dorado

Pez dorado

Estas carpitas son buenos animales de compañía, pues son duros y fáciles de cuidar. A pesar del nombre, los peces dorados pueden ser de muchos colores: negros, azules, verdes, rojos y dorados, claro está.

Los peces dorados pueden vivir durante más de 40 años.

La carpa más pesada del mundo pesó 105 kg, que es el peso de un panda gigante.

Carpa koi

El miembro más brillante y colorido de la familia de las carpas es la carpa koi. En estado salvaje luchaban por sobrevivir, ya que sus colores vivos las convertían en blanco fácil de los depredadores y de los pescadores. Hoy en día, las carpas koi son mascotas muy populares y suelen vivir en la seguridad de los estanques de jardín.

Barbos

Estos pececillos reciben su nombre de las piezas bucales colgantes llamadas barbillas. A diferencia de muchas carpas, los barbos tienen filas de dientes afilados. Son cazadores feroces y a menudo atacan a peces el doble de grandes.

Minnows

Estos pequeñísimos minnows son nadadores dorados que están en constante movimiento, explorando el agua en busca de plantas y animales para comer. No son muy exigentes y aceptan casi cualquier cosa que encuentren, incluidos los huevos de otros peces.

Marlín negro

Top tres

Los tres peces más rápidos son miembros de la familia de los cazadores marinos narigudos. ¿Quién aparece en la cima?

Pez vela

Peces veloces

El pez más rápido del mundo pasa zumbando por el agua a una velocidad increíble. Los campeones humanos de natación serían plenamente superados por estos deportistas de los mares.

Marlín rayado

Medalla de oro

¡El ganador es el marlín negro! Impulsándose por mares cálidos y tropicales, alcanza velocidades de 129 km/h, que es más rápido que la velocidad límite en una autopista.

Medalla de plata

El pez vela llega en segundo lugar. A una velocidad de 110 km/h, este cazador marino puede nadar diez veces la longitud de su cuerpo por segundo.

Medalla de bronce

El marlín rayado acaba en tercer lugar y se lleva el bronce. Este pariente cercano del marlín negro persigue a la presa a 80 km/h y utiliza su largo pico para dejar fuera de combate a las víctimas.

Tiburones rápidos

Al igual que la familia de los marlines, el grupo de los tiburones también tiene muchos miembros superveloces.

Tiburón zorro

Este cazador superrápido nada a toda velocidad y azota bancos de peces con su enorme cola. También es el pez que salta más alto; fuera del agua puede alcanzar la altura de dos hombres adultos.

Tiburón marrajo

El tiburón más rápido es el marrajo. Delgado y elegante, se mueve casi a la mitad de velocidad que un marlín negro cuando persigue a los delfines, los peces o los calamares.

Peces tropicales

Las aguas más cálidas son el hogar
de algunos de los peces más brillantes
y hermosos. La luz del sol durante todo
el día, los amplios arrecifes de coral
y las aguas cristalinas se combinan
para crear un hogar deslumbrante,
lleno de luz y de color.

Un espectáculo impresionante

Los peces tropicales son los más
coloridos del planeta. Sus colores
y dibujos les proporcionan camuflaje
entre los corales multicolor del lecho
marino. Ser espectacularmente
hermosos también los ayuda a ser
vistos por sus posibles parejas.

Pez loro

Este pez tiene un pico robusto,
como el ave tropical que le da
nombre. El pez loro arranca de un
mordisco el coral crujiente para
llegar a las plantas, llamadas algas,
que crecen en él.

Pez soldado rojo

Pez mariposa dorado

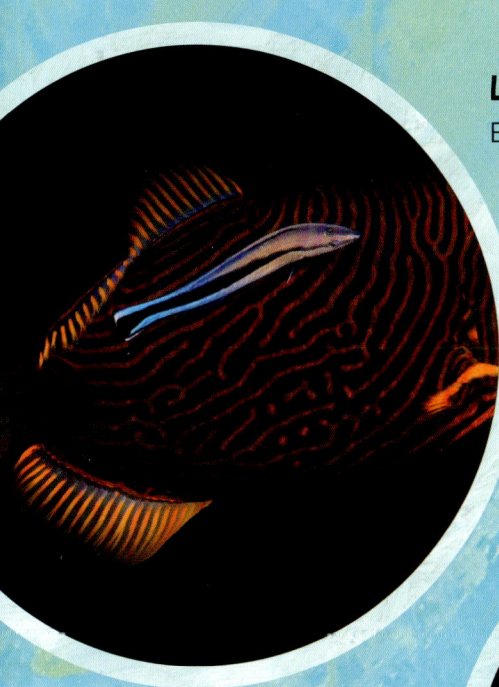

Lábrido limpiador común

Este pececillo instala estaciones de limpieza en las que arranca la piel muerta y los bichos a los peces y a las tortugas que pasan nadando. Esto, además de mantener limpios a los animales más grandes, permite al lábrido disfrutar de un aperitivo.

La Gran Barrera de Coral

La estructura más grande del mundo formada por seres vivos es la Gran Barrera de Coral, frente a las costas de Australia. Este gigantesco lecho de coral submarino es un paraíso para los peces tropicales. El arrecife es tan grande que puede verse desde el espacio.

Pez mariposa hocicona

Un largo hocico le permite succionar los animalillos escondidos entre las grietas y las hendiduras de los arrecifes de coral. Los ocelos negros de la cola engañan a los depredadores haciéndoles creer que son más grandes y temibles.

Pez payaso

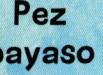

Castañuela azul

Arrecifes de coral

Los peces tropicales viven a menudo cerca de los arrecifes de coral donde hay mucha comida y lugares para ocultarse. Los arrecifes de coral se crean con los esqueletos externos duros de corales individuales llamados pólipos. Millones de estos pólipos se unen para formar el coral colorido y rocoso.

Padrazos marinos

En casi todas las especies animales, las madres tienen a las crías y las cuidan hasta que puedan sobrevivir por sí solas. El caballito de mar, sin embargo, es único, porque el padre es el que da a luz.

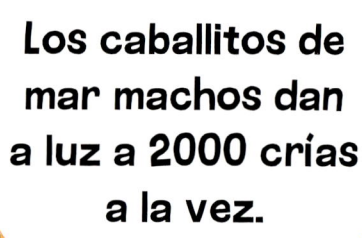

Los caballitos de mar machos dan a luz a 2000 crías a la vez.

La crianza del caballito de mar

La hembra del caballito de mar pone los huevos dentro de unas bolsas que hay en el cuerpo del macho. Él les da calor hasta que eclosionan dentro de las bolsas y entonces deja salir las crías al agua. Después, vuelve con la hembra para recoger otra tanda de huevos y vuelta a empezar otra vez.

Padres orgullosos

Los caballitos de mar no son los únicos peces papás que se encargan de cuidar y defender a sus criaturas…

Pez gato

Cuando la hembra del pez gato pone los huevos, su pareja macho se convierte en su guardaespaldas. Durante el mes siguiente, mantiene alejados a los depredadores y utiliza sus aletas para abanicar los huevos regularmente con agua fresca.

Espinosos

Los espinosos machos se encargan de las tareas de crianza. Construyen un nido para los huevos y luego los defienden de los ataques. Los padres mantienen cerca las crías recién nacidas hasta que pueden nadar bien.

Tilapia

Este papá pez no se arriesga con sus huevos. En cuanto la hembra los pone, el macho se los mete todos en la boca para mantenerlos a salvo hasta que eclosionan. Solo los saca para darles un enjuague con agua dulce de vez en cuando.

Orcas

Estos delfines gigantes son cazadores
veloces y fieros.
Son superdepredadores
y comen focas, ballenas e incluso
a otros delfines.

Vínculos alimentarios

Los peces están en el centro
mismo de esta cadena de comida
y alimentadores marinos. Abajo
del todo están los animales
y las plantas microscópicas.
En la cima están los cazadores
más grandes,
los superdepredadores.

La cadena alimentaria marina

Los peces son una importante fuente de comida para la
hambrienta fauna marina. Esta cadena nos muestra quién se
come qué, desde las diminutas plantitas y crustáceos hasta
peces de todos los tamaños y los inmensos mamíferos.

Fitoplancton

Estas plantas marinas extremadamente
diminutas son demasiado pequeñas para poder
verlas, pero constituyen una fuente de alimento
vital para muchos animales marinos.

Zooplancton

Estos animales marinos tan pequeñitos comen
fitoplancton. Entre ellos está el kril, que son unas
minúsculas criaturas parecidas a las gambas.

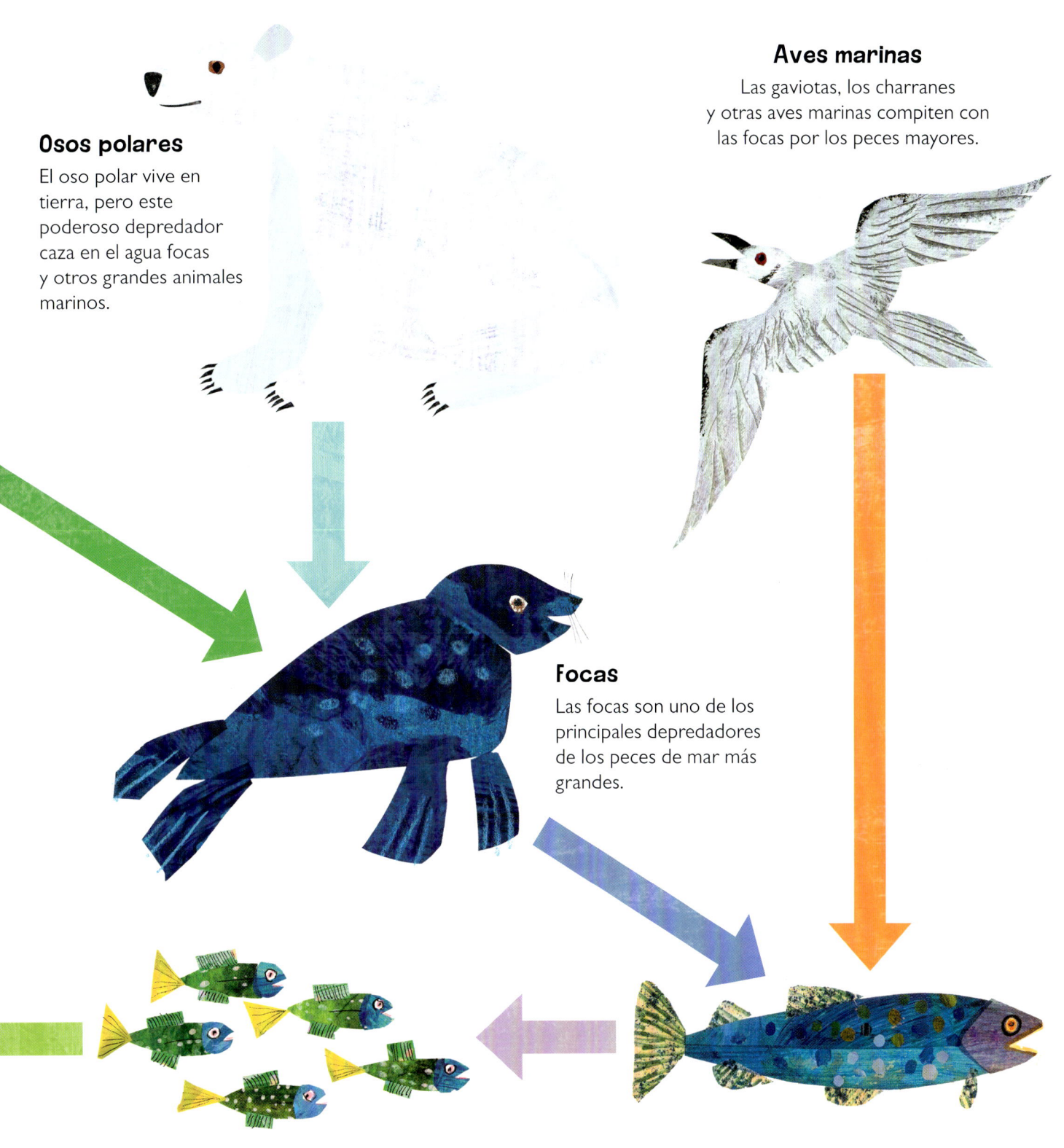

Osos polares

El oso polar vive en tierra, pero este poderoso depredador caza en el agua focas y otros grandes animales marinos.

Aves marinas

Las gaviotas, los charranes y otras aves marinas compiten con las focas por los peces mayores.

Focas

Las focas son uno de los principales depredadores de los peces de mar más grandes.

Peces de forraje

Los pececitos más pequeños son los peces de forraje, entre los que están las sardinas y los arenques. Son los principales depredadores del zooplancton.

Peces grandes

En este grupo están el salmón y la trucha. Principalmente comen peces de forraje.

Invertebrados increíbles

Invertebrados

Los invertebrados constituyen la mayor parte de los animales del mundo. Su cuerpo es muy diferente al nuestro. El esqueleto interno y la larga columna vertebral dan forma a nuestro cuerpo, pero los invertebrados carecen de ambos.

Duro o blando

Algunos invertebrados tienen un cuerpo suave y flexible. Otros cuentan con un caparazón exterior duro para esconderse en su interior, pero la mayoría de los invertebrados tiene un esqueleto exterior que les recubre todo el cuerpo.

Un gusano tiene un cuerpo blanducho.

Un caracol tiene una concha.

Una hormiga tiene un esqueleto externo.

Una familia inmensa

Hay invertebrados de todos los tamaños y formas, desde minúsculos escarabajos en tierra a calamares gigantes en el mar. Viven en casi todos los hábitats del planeta.

El 97 % de los animales de la Tierra son invertebrados. La palabra significa «sin columna vertebral».

Babosa

De altos vuelos

Entre los invertebrados voladores encontramos a los insectos alados, como abejas, mariposas, moscas, mariquitas o catarinas y avispas.

Mariposa

Mariquita o catarina

Bichos trepadores

Algunos invertebrados, como las arañas y las cochinillas, en vez de volar, prefieren reptar y corretear por el suelo. Tienen montones de patas que les ayudan a moverse rápidamente.

Araña

Cochinilla

Deslizadores escurridizos

Los caracoles, los gusanos y las babosas también son parte de la pandilla de los invertebrados. Como no tienen patas, se escurren, se deslizan o serpentean.

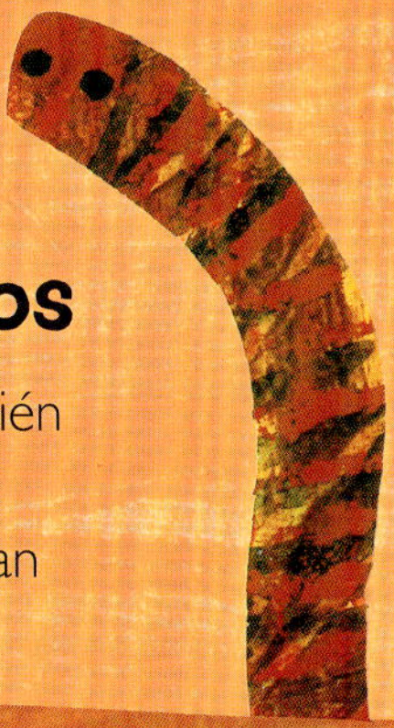

Gusano

Habitantes del océano

Muchos invertebrados viven en el mar. Como sus parientes terrestres, tienen muchas formas y tamaños, desde las blandas medusas hasta las langostas de caparazón duro.

Pulpo

Medusa

Langosta

Cangrejo

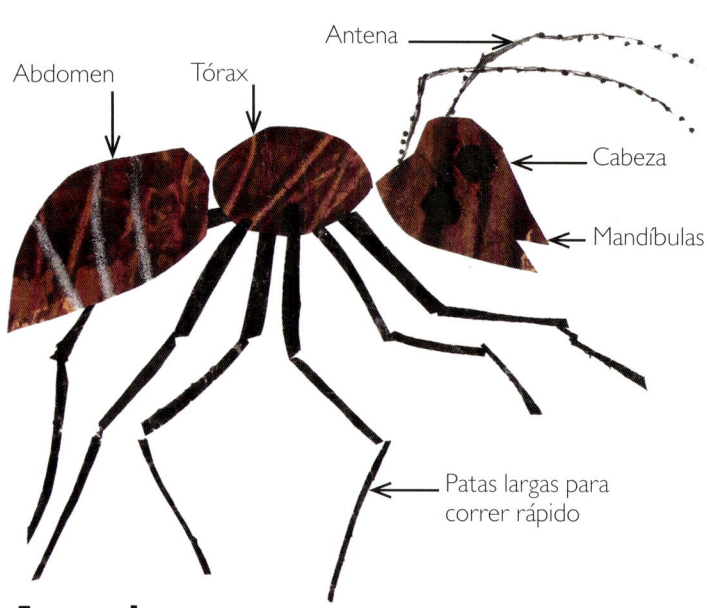

Antena

Abdomen

Tórax

Cabeza

Mandíbulas

Patas largas para
correr rápido

Anat-hormigas

Como todos los insectos, las hormigas tienen seis
patas y un cuerpo con tres partes articuladas. Tienen
antenas para detectar la comida o a los depredadores
y levantan y cargan cosas con sus fuertes mandíbulas.
Viven en un gran grupo llamado colonia, donde cada
una tiene una tarea distinta.

Hormigas y termitas

No tienes que buscar
mucho para encontrar
una hormiga. En el mundo
hay billones y billones
de hormigas y de termitas,
muchísimas más que
de cualquier otro insecto.

**Las hormigas más fuertes
pueden cargar 5000 veces
su peso, un récord mundial
dentro del reino animal.**

Oso hormiguero

Hormigas cortadoras de hojas

Estas atareadas hormigas son tan fuertes que pueden
cargar 50 veces su peso. Cortan hojas y las transportan
de vuelta al nido. Luego cultivan sus hongos favoritos para
comer sobre enormes lechos subterráneos de hojas.

Vivir en armonía

Las hormigas y los bichitos llamados pulgones suelen vivir cerca. Los pulgones producen un líquido llamado ligamaza que a las hormigas les encanta. A cambio, los pulgones están más seguros porque las hormigas los protegen de los depredadores.

El montículo de las termitas

Aunque se parecen a las hormigas, las termitas no tienen un parentesco cercano. Como las hormigas, las termitas son unas constructoras atareadas. Trabajan en equipo para hacer nidos gigantescos de tierra ¡que pueden ser más altos que un adulto humano! Dentro del montículo hay túneles y pasadizos a porrillo.

El oso hormiguero usa su larga lengua para explorar el nido y extraer termitas.

Las crías de termita tienen sus propias habitaciones.

Las termitas soldado vigilan y protegen a la reina y a los huevos.

La termita reina es la que manda y pone 30 000 huevos al día.

Los agujeros permiten la entrada de aire para refrescar el montículo.

Las termitas obreras construyen y reparan el montículo.

183

Insectos voladores

En primavera y verano, los insectos voladores llenan los cielos en busca de dulces bocados o presas insospechadas. La mayoría son inofensivos, pero algunos tienen un aguijón en la cola.

El sorprendente ojo compuesto de la mosca tiene miles de lentes minúsculas que le permiten ver en todas las direcciones.

Moscas

Si las moscas se posan en la comida humana pueden propagar enfermedades con sus patas pegajosas. Pero también hacen algo bueno al comerse la comida podrida y los animales muertos. Su cuerpo lo forman tres partes unidas: la cabeza, el tórax y el abdomen.

¡La mosca puede batir las alas 200 veces por segundo!

Las moscas tienen papilas gustativas en las patas y en los pies.

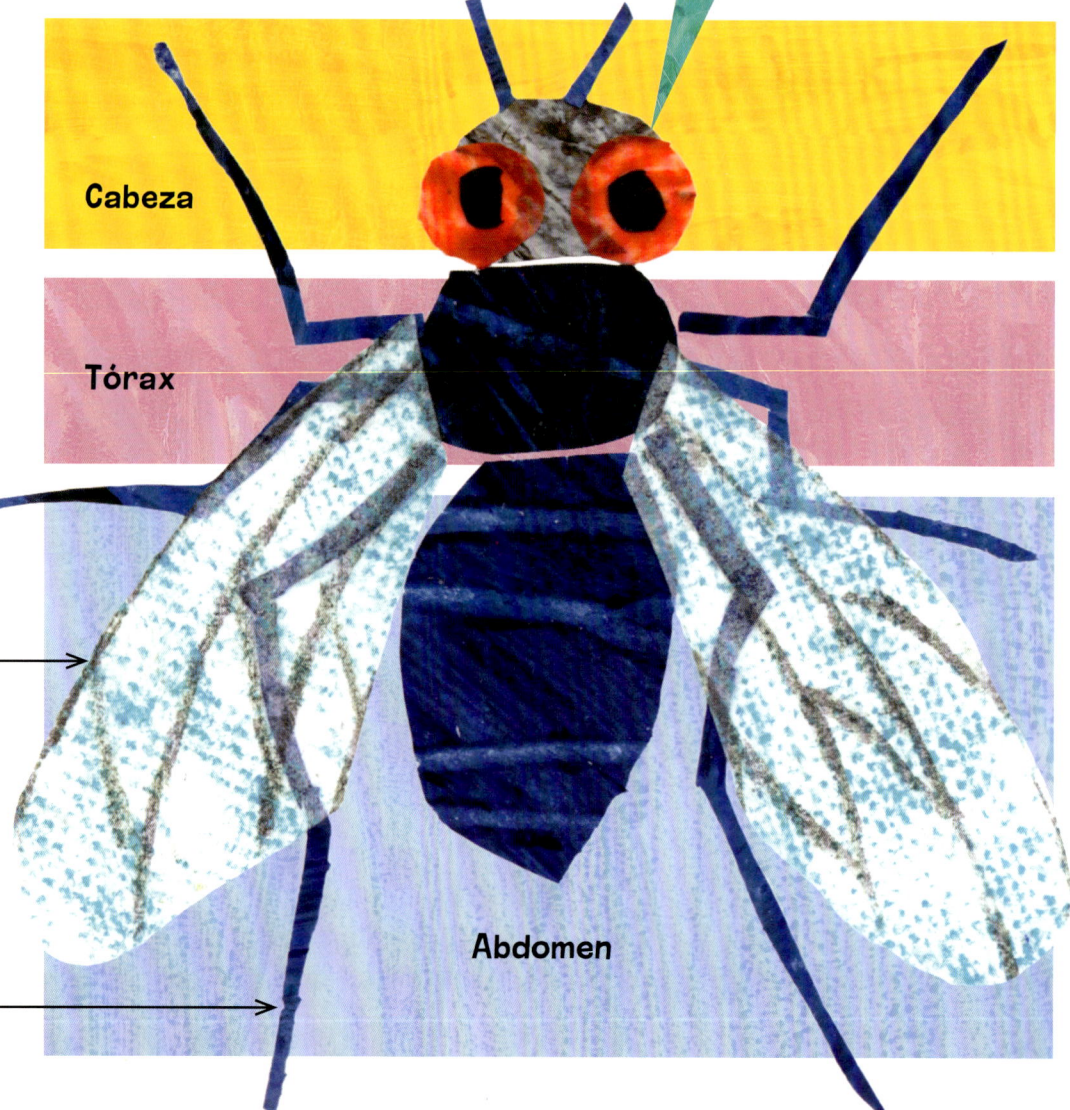

Cabeza

Tórax

Abdomen

Avispas

Estas velocísimas voladoras producen un veneno doloroso para matar a otros insectos o para hacer daño a los depredadores. A diferencia de las abejas, las avispas pueden picar repetidamente sin dañarse ellas mismas.

Las rayas brillantes advierten a los depredadores que la avispa puede picar.

Luciérnagas

Algunos insectos voladores tienen mucha actividad nocturna. Las luciérnagas utilizan productos químicos de su cuerpo para iluminarlo en la oscuridad. Estas luces atraen a las parejas y confunden a los depredadores.

Escarabajos

Estos brillantes y, a menudo, coloridos insectos tienen dos pares de alas: un par duro en la parte superior, que puede cerrarse para proteger las alas voladoras suaves que tienen debajo.

¡Hay más de 350 000 tipos de escarabajos!

Escarabajo buceador

Este depredador es un fiero cazador submarino.

Las alas externas se abren y se cierran como una caja.

Escarabajo Goliat

El miembro más grande de la familia de los escarabajos puede medir 15 cm de largo.

Tenebriónido

Las largas patas ayudan a este escarabajo a corretear por la arena del desierto.

Chinche hedionda

La autodefensa de esta chinche es un olor apestoso.

Mariposas y polillas

Las bellas mariposas aletean bajo el sol veraniego, mientras que las polillas vuelan principalmente al anochecer. Todas han pasado un proceso de transformación total para llegar a la etapa adulta.

En *La oruga muy hambrienta,* la oruga forma un capullo en lugar de una crisálida. (Casi siempre, los capullos los hacen las polillas, no las mariposas). Eric Carle decía que su oruga era «muy peculiar». Cuando era un niño, su padre siempre le decía: «Eric, sal de tu capullo». Y así es como, en *La oruga muy hambrienta,* ¡la poesía ganó a la ciencia!

Encuentra la diferencia

El cuerpo de las mariposas y las polillas tiene una forma parecida. Las mariposas suelen ser de colores brillantes, y la mayoría de las polillas son de colores más sencillos y de camuflaje. Las mariposas duermen con las alas cerradas, mientras que las polillas las mantienen desplegadas cuando descansan.

Mariposa almirante rojo

Metamorfosis

Las mariposas y las polillas son totalmente distintas cuando llegan a adultas, comparadas con cuando eran jóvenes. Su cuerpo pasa por cuatro etapas de desarrollo: huevo, larva, crisálida y adulta. Esta transformación se llama metamorfosis.

1. Huevo
Una mariposa hembra adulta pone huevos sobre una hoja.

2. Oruga
Cada huevo eclosiona y se transforma en una pequeña larva llamada oruga, que empieza a comerse la hoja sobre la que ha eclosionado.

Mariposa tornasolada

Polilla halcón

Polilla verde moteada

Las mariposas y las polillas son los únicos insectos con las alas recubiertas de diminutas escamas.

Gran pavón

Mariposa podalirios

3. Creciendo

La oruga muy hambrienta que conocemos y que nos encanta mastica las hojas sin parar. Crece muy rápidamente y cambia de piel muchas veces a medida que su cuerpo se hace más y ¡más grande!

4. Crisálida

Alrededor de la oruga crece un caparazón duro llamado crisálida (o pupa). Durante las semanas o meses siguientes, la oruga del interior cambia gradualmente.

5. Mariposa

Finalmente la crisálida se abre por completo. La oruga ya no está… y en su lugar hay una bonita mariposa adulta.

Las abejas trabajan en equipo para que la colmena funcione.

Abeja reina

Las abejas melíferas viven en colmenas que pueden albergar más de 40 000 ejemplares. La colmena la gobierna la abeja reina, que pone todos los huevos. La ayudan los machos o zánganos, mientras que las abejas obreras traen el néctar, que se transforma en dulce miel para alimentar a la colmena.

Abejas geniales

Las abejas son esenciales para nuestro planeta. Ayudan a mantener los hábitats sanos y coloridos y desempeñan un papel importante al hacer que el ciclo de la vida siga funcionando.

Las abejas de una sola colmena pueden polinizar 300 millones de flores cada día.

Portadoras de polen

Cuando una abeja se posa en una flor, las patas se le llenan de polen, un polvo amarillo que produce la flor. A medida que vuelan de aquí para allá, las abejas transfieren el polen a otras flores que acabarán dando frutos. A esto se le llama polinización.

Las patas peludas están cubiertas de polen.

Colmena de panales

Dentro de la colmena, las abejas obreras producen cera con su cuerpo, que se usa para hacer celdas hexagonales que unidas entre sí forman un panal. Los panales sirven para almacenar la comida: el polen para las crías de abeja y la miel para las adultas.

Las abejas también son amigas de los granjeros, pues polinizan casi un tercio de todas las frutas y verduras.

Los movimientos de la abeja muestran la dirección en la que están las flores.

La duración del baile indica a sus compañeras la distancia hasta las flores.

Abejas bailarinas

Las multitalentosas abejas también son unas magníficas bailarinas. Cuando una de ellas encuentra una nueva fuente de néctar, vuelve a la colmena y ejecuta un complicado «meneíto» para que las demás sepan dónde encontrar las flores.

Cuando la abeja se posa en la siguiente flor, deja polen de las flores anteriores.

La historia de la miel

Los apicultores recogen la miel sobrante para que nos la comamos las personas. ¡Ñam! Hace 15 000 años que se come miel. En el antiguo Egipto, los faraones hacían que los enterraran con botes de miel en su tumba. Si se almacena correctamente, la miel durará toda la vida sin estropearse.

Arañas y escorpiones

Hay personas a las que les dan miedo las arañas y los escorpiones, pero estos depredadores de ocho patas tienen talentos sorprendentes y la mayoría son inofensivos para las personas.

La araña teje hebras de seda resistente. →

Arácnidos

Las arañas y los escorpiones pertenecen al grupo de los arácnidos. Tienen el cuerpo dividido en dos segmentos y no tienen alas. En vez de tener un esqueleto interno, los arácnidos tienen una carcasa externa llamada exoesqueleto.

← El exoesqueleto protege el cuerpo blando.

↑ Cuatro pares de patas

Araña

Trampa de seda

Las arañas generan seda en el interior de su cuerpo. Luego la tejen en forma de red para atrapar a su presa. La araña espera paciente a que los insectos vuelen hacia su red pegajosa y se queden enredados en ella. Entonces llega el momento de intervenir y devorar a la presa.

Además de ocho patas, las arañas también tienen ¡ocho ojos!

Selección arácnida

Hay unos 40 000 tipos de arañas. Aquí tienes tres de las más sorprendentes.

Araña saltarina

Esta heroína atlética utiliza su seda para colgarse de una cosa y luego saltar a otra. También se columpia a gran velocidad desde los hilos de seda para abalanzarse sobre su presa.

Criar a los peques

Los escorpiones recién nacidos aún no tienen exoesqueleto, por lo que son blandos y fáciles de atacar. Las madres ponen a salvo a las crías en su espalda y arremeten contra los posibles depredadores con su cola de aguijón.

Garrapatas chupasangre

Las diminutas garrapatas son unos arácnidos de gran apetito. Muerden a los animales y les chupan la sangre. Una garrapata bien alimentada puede hincharse más de diez veces su tamaño normal.

Escorpiones o alacranes

Por la noche, estos depredadores salen a cazar para alimentarse. Sus potentes pinzas inmovilizan a la presa y el aguijón venenoso de la cola les da el golpe de gracia. Los escorpiones pueden zamparse cada noche su propio peso en insectos.

La cola del escorpión amarillo contiene uno de los venenos más potentes del mundo.

Escorpión o alacrán

La mayoría de escorpiones son fluorescentes, lo cual significa que de noche resplandecen.

Tarántula Goliat pajarera

Haciendo honor a su nombre, esta enorme araña peluda come tanto pájaros como murciélagos, ranas y ratones. En vez de tejer una red, se esconde y luego tiende una emboscada a una presa cercana.

Araña de agua

La mayoría de las arañas son terrestres, pero la araña de agua vive en los lagos y en los estanques. Construye una casa de seda llena de aire bajo el agua y luego persigue a sus presas, como las pulgas de agua y las larvas de mosquito.

Huéspedes del jardín

Nuestros jardines están repletos de ingeniosos invertebrados. Algunos no tienen patas y avanzan reptando, deslizándose, serpenteando y retorciéndose, mientras que otros tienen demasiadas patas para contárselas.

Caracoles

Los caracoles, que avanzan con gran lentitud y son de cuerpo blando, llevan la casa a cuestas. Dependen de sus duras conchas para protegerse de los depredadores.

La concha tiene un dibujo en espiral.

Tiene los ojos sobre unos tentáculos largos.

Cuerpo blando y sin huesos

Antenas cortas para encontrar comida

Los caracoles y las babosas no viven solo en los jardines. Algunos tipos habitan en estanques o en el mar.

Rastro viscoso

¿Qué es esa baba plateada que deja el caracol a su paso? Los caracoles tienen un pie, que produce baba para ayudarles a deslizarse sobre las superficies y pegarse a las paredes. Cuando el caracol avanza, la baba es brillante y acuosa, y cuando se detiene se vuelve sólida y pegajosa.

¡Cuántos pies!

Mientras que algunos visitantes del jardín no tienen pies, otros tienen cientos. Los ciempiés tienen más de 50 y los milpiés hasta 300. Ambos mueven los pares de pies con ondas suaves para asegurarse de que no tropiezan unos con otros.

Ciempiés

Milpiés

Gusanos

Los gusanos serpenteantes tienen un cuerpo largo y blanducho, hecho de segmentos unidos. La mayoría de ellos excavan en el suelo para encontrar hojas podridas y animales muertos que comer.

Babosas

¡Una babosa es básicamente un caracol sin concha! Las babosas también tienen un solo pie, dejan un rastro brillante y avanzan lentas. Como los caracoles, muelen la comida utilizando filas de dientecillos llamados rádulas. Comen gusanos, frutas, flores y verduras.

193

Mantis religiosa

La mantis religiosa se queda quieta como una estatua en una hoja, mimetizándose ingeniosamente con su entorno y esperando pacientemente a que pase la presa. Entonces, veloz como el rayo, atrapa a su víctima y se la traga.

Piezas bucales fuertes para masticar la presa

Ojos grandes, anchos y espaciados para una excelente visión

Brazos potentes y espinosos para agarrar

La mantis religiosa es el único insecto que puede ver en 3D, como nosotros.

Terrores diminutos

Puede que estos monstruos en miniatura sean pequeños, pero están armados y son peligrosos. Cuando tienen hambre, no hay quien los pare.

Cucaracha

Esta tía dura es la mejor superviviente. Come casi cualquier cosa, incluso presas vivas o restos de comida humana. La cucaracha puede pasarse un mes sin comer ni beber, ¡e incluso puede sobrevivir durante tres días sin la cabeza!

Escarabajo bombardero

Cuando los depredadores se acercan, los escarabajos bombarderos detonan sus bombas caseras. Liberan una ráfaga muy caliente y superapestosa de químicos por la parte trasera para matar a sus enemigos pequeños y asustar a los más grandes. ¡BUM!

Mosquito

¿Qué animal comporta el mayor riesgo de muerte para las personas? No es un temible tiburón ni un hipopótamo hambriento, sino el diminuto mosquito. La hembra de los mosquitos transmite una grave enfermedad llamada malaria al morder la piel humana y chupar la sangre.

Chinche asesina

Los demás insectos intentan evitar a la chinche asesina. Esta cazadora despiadada inmoviliza a la presa y la pincha repetidamente con sus piezas bucales en forma de aguja. Luego succiona las entrañas de la víctima. ¡Puaj!

Las ventosas de los tentáculos del calamar le ayudan a sujetar a la presa.

Calamar gigante

El calamar gigante es el invertebrado más grande del mundo. Tiene unos tentáculos superlargos, es cinco veces más grande que una persona y sus ojos son del tamaño de un plato.

Los pulpos y los calamares pueden expulsar nubes de tinta de su cuerpo para confundir a los depredadores.

Cuerpos blandos

Los moluscos marinos pueden ser de distintos tamaños y formas, pero su cuerpo siempre es blando. Algunos tienen un caparazón que los protege, pero otros utilizan camuflajes ingeniosos para huir de los depredadores marinos o acercarse sigilosamente a su presa.

Fauna marina blanducha

Te presento a los moluscos marinos. Estas criaturas suaves y blanditas viven en los mares de todo el mundo.

Almeja gigante

Bivalvos

Estos animales tienen una concha que se abre para permitirles respirar y comer, y que se cierra para protegerse de los depredadores. Entre los miembros de la familia de los bivalvos están las almejas, los mejillones, las ostras y las vieiras.

Pulpo

Este animal único tiene tres corazones y sangre azul. También tiene nueve cerebros y es sorprendentemente inteligente. Los científicos han descubierto que estos moluscos pueden resolver complicados rompecabezas e incluso encontrar la salida en un laberinto.

Los ocho tentáculos tienen un minicerebro en el extremo de cada uno de ellos.

Los brazos agarran a la presa y se la llevan a la boca.

Ventosas para palpar y degustar el entorno

Caracoles marinos

En esta familia se encuentran las caracolas, los buccinos y los bígaros. Los caracoles marinos, que a menudo se encuentran en estanques de roca en la costa, tienen una concha dura a su espalda, como los caracoles terrestres.

Pulpos raritos

¡El mar alberga algunos pulpos realmente increíbles!

Pulpo imitador

¡Este impresionante imitador es capaz de copiar 13 animales distintos! Este en concreto finge ser una raya con púa.

Pulpo de anillos azules

Este minúsculo pulpo, uno de los animales marinos más mortíferos, ¡lleva veneno para matar a 26 personas!

Pulpo del Caribe

Para huir del peligro, este pulpo cambia de color a la velocidad del rayo y se mimetiza con el arrecife de coral del entorno.

Crustáceos costeros

Los crustáceos son una ruda pandilla de invertebrados acuáticos con conchas duras y pinzas cortantes que dan pellizcos desagradables.

Crustáceos

Casi todos los crustáceos viven en los mares o en los ríos. La mayoría tienen una concha dura que protege su cuerpo blando y muchos de ellos un par de pinzas con las que atrapan la comida o atacan a los enemigos. Generalmente sus ojos son saltones.

Concha dura y lisa

Cangrejos

En la playa, los cangrejos corretean de lado por la arena. Pueden vivir en la costa o en el lecho marino. Su concha resistente y sus potentes pinzas les proporcionan una doble protección contra los depredadores.

Los cangrejos tienen diez patas, incluidas un par delanteras extralargas.

Cangrejos locos

Los diferentes tipos de cangrejos son y se comportan de maneras distintas, dependiendo de los hábitats y de lo que prefieran comer.

Cangrejo decorador

A este cangrejo le encanta disfrazarse. Se recubre todo el cuerpo con algas, esponjas marinas y trozos de coral para mimetizarse con el entorno y evitar a los depredadores.

Percebes

Las rocas de la costa pueden estar cubiertas de percebes. Cuando son jovencitos de cuerpo blando, se suben a las rocas. Luego desarrollan una concha resistente que los pega con fuerza al sitio.

¡Los percebes se adhieren a una roca durante años sin moverse ni un poquito!

Langostino

Estos crustáceos son supercarroñeros. Utilizan sus minipincitas para recoger casi todo lo que encuentran, como peces, plantas, caracoles y gusanos.

Langostas

Estos parientes cercanos del cangrejo también tienen una armadura corporal y un par de pinzas. Pero su forma es más alargada y estilizada y reptan hacia delante por el lecho marino, en vez de hacia los lados.

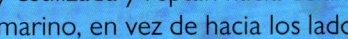

Cangrejo de los cocoteros

El cangrejo más grande del mundo es el animal que aprieta con más potencia. Los cocos le encantan y los abre con facilidad con sus enormes pinzas.

Cangrejo violinista

Para los machos de estos cangrejos el tamaño importa. Una pinza es mucho más grande que la otra, para impresionar a las hembras y para usarla como arma contra sus rivales.

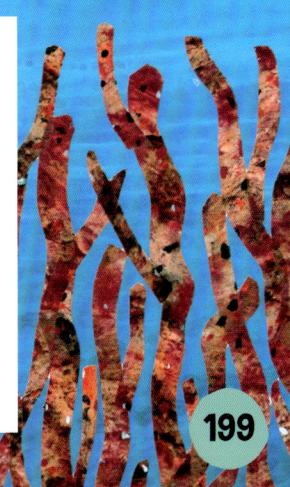

Medusas alucinantes

Sumérgete en las profundidades para descubrir algunas picadoras marinas deslumbrantes.

Medusa luna

El cuerpo redondo, o acampanado, de esta medusa parece una luna llena reluciendo en el agua oscura.

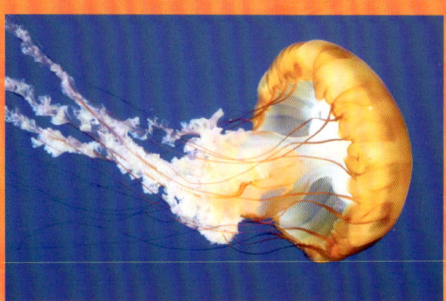

Ortiga de mar

Los largos y venenosos tentáculos de esta gigantesca medusa se parecen un poco a los pelos urticantes de la ortiga.

Medusa melena de león

La más grande de las medusas tiene una masa de tentáculos que se extiende como la melena de un león.

Picadores sencillos

El aspecto de las medusas, los corales y las anémonas es muy diferente, pero todos están íntimamente relacionados. Estas sencillas criaturas están en todos los mares y todas pican para defenderse.

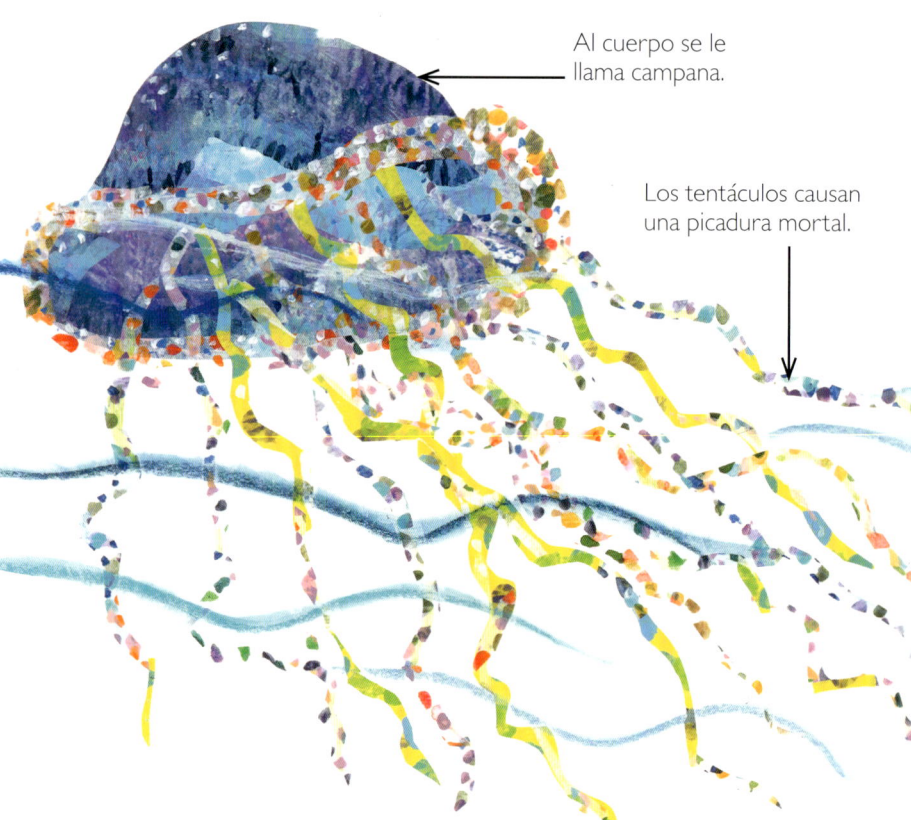

Al cuerpo se le llama campana.

Los tentáculos causan una picadura mortal.

Medusas

Con aspecto de gelatina bamboleante, ¡las medusas no tienen huesos, ni cerebro ni ojos ni corazón! Tienen tres secciones: un cuerpo, brazos para meterse la comida en la boca y tentáculos colgantes que pican al tocarlos. Las medusas aprietan los músculos para introducir y expulsar el agua de su cuerpo y propulsarse.

Anémona marina

Pueden parecer flores en un jardín submarino, pero las anémonas marinas son animales. Sus tentáculos causan una picadura venenosa a sus presas, entre las que están los pececillos y el diminuto plancton.

Los brillantes colores de las anémonas son muy variados.

Coral

Los inmensos arrecifes de coral submarinos parecen rocas, pero se componen de masas de unos pequeños animalitos llamados pólipos. Estos invertebrados microscópicos tienen el poder de picar a la fauna marina y a otros corales.

Primer plano del coral

La superficie del coral cerebro la forman millones de pólipos diminutos, cada uno de ellos con un anillo de tentáculos urticantes.

El coral cerebro tiene muchas capas, ¡igual que un cerebro humano!

Magas marinas

Las estrellas de mar tienen la asombrosa habilidad de crearse un cuerpo completamente nuevo. Si una estrella es atacada y pierde un brazo, o se desprende de él para huir de un depredador, el brazo que se separa ¡se convierte en una nueva estrella de mar completa!

Estrellas de mar

Las estrellas de mar solían llamarse peces estrella, pero los científicos las renombraron porque no se parecen en nada a un pez. Su cuerpo puede ser suave o espinoso. La mayoría tienen cinco brazos, pero algunas tienen 40.

La boca de la estrella de mar está debajo del cuerpo.

Utilizan los brazos para desplazarse y para abrir las conchas de las presas.

Las estrellas de mar existen en la Tierra desde hace casi 450 millones de años.

Cuerpo en forma de estrella

Los ojos están en el extremo de los brazos.

Estrellas y pinchos

Las estrellas de mar, los erizos de mar y las esponjas marinas no tienen cerebro y no pueden nadar. Sin embargo, prosperan en el mar y en algún caso incluso ¡tienen el superpoder de desarrollar un nuevo cuerpo entero!

Erizos de mar

Estas sencillas criaturas con pinchos están recubiertas de espinas afiladas que protegen su cuerpo blandito. Los depredadores o las personas que nadando se acercan demasiado a las espinas se llevan una picadura dolorosa.

El erizo de mar tiene una boca redonda y cinco dientes puntiagudos.

A los erizos de mar se les llama puercoespines marinos.

Esponjas marinas

Las esponjas son los animales más sencillos de todos. Están plantadas en el lecho marino, pegadas a las rocas y casi ni se mueven. Se alimentan absorbiendo el agua de mar y filtrando el plancton diminuto que nada en el agua.

Actividades animales

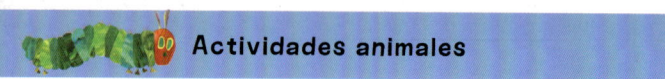

Campeones animales

El reino animal está lleno de plusmarquistas muy destacables. ¡Tres hurras por estos campeones!

El más fuerte del mundo

El escarabajo pelotero puede arrastrar una pelota de estiércol 1000 veces más pesada que su cuerpo. ¡Es como si tú empujaras seis autobuses!

El albatros errante gana al resto de aves con la gigantesca amplitud de tres metros de extremo a extremo de sus alas.

La mayor envergadura de alas

El charrán hace el viaje más largo del mundo. Cada año vuela 71 000 km desde el Ártico hasta la Antártida ida y vuelta.

El volador más lejano

El insecto más rápido

¡No hagas una carrera con una libélula! Pueden volar a 54 km/h, que es lo más rápido que ha podido correr nunca una persona.

El mamífero más lento

El perezoso es el mamífero que se mueve más lentamente. Para recorrer un campo de fútbol tardaría más de cuatro horas.

El picador más peligroso

La cubozoa o avispa de mar es la criatura más venenosa del mundo. Sus toxinas pueden matar a una persona en pocos minutos.

El salto más largo

Cuando está de caza, el leopardo de las nieves puede saltar distancias de 15 m, que es unas 15 veces lo que mide su cuerpo.

El halcón peregrino vuela a la alucinante velocidad de 390 km/h, lo que lo convierte en el animal más rápido de la Tierra.

El más rápido de la Tierra

Ayudar a los animales

Hay muchas maneras de interactuar con los animales, ayudar a la fauna salvaje o formar parte de la protección del planeta.

Rescatar mascotas

Si tienes la suerte de que te dejen tener una mascota, intenta conseguirla primero en una protectora cercana. A menudo tienen perros, gatos y otros animales que necesitan un nuevo hogar.

Limpio y ordenado

Los animales se pueden hacer daño si tragan basura o se quedan atrapados en los restos de un envase. Tira la basura en el cubo adecuado, o llévatela a casa si no encuentras uno. Ayuda a reciclar en casa separando el papel, el vidrio y el plástico.

Adopta a un animal

Si no puedes tener una mascota en casa, puedes adoptar un animal del zoológico de tu ciudad, de una protectora o de un parque natural. Desde osos panda a pingüinos, puedes elegir tu animal favorito, averiguar un montón de información sobre él y tal vez incluso visitar a tu nuevo amigo.

¡En bici!

En vez de viajar en coches que contaminan la atmósfera, camina o pedalea siempre que puedas. Es más sano para ti y mucho mejor para el medio ambiente, pues ayuda a conservar los distintos hábitats en los que viven los animales.

Cuida la fauna silvestre

Puedes hacer pequeños cambios en tu jardín, en el balcón o en el alféizar de la ventana para ayudar a la fauna silvestre. Planta flores que les gusten a las abejas, prepara un hotel de bichitos para los insectos, deja un bol de agua para los sedientos visitantes de tu jardín o cuelga un comedero para los pájaros. ¡Luego observa qué visitantes acuden en tropel!

1. Puedo volar muy alto, pero no tengo plumas.

2. Soy el compañero de viaje perfecto para una caminata por el desierto.

4. Soy un habitante del mar que siempre tiene la misma hambre que un lobo…

3.

¡Me encanta darles un achuchón «amistoso» a los animales que me encuentro!

¿Qué animal es?

¿Puedes decir el nombre del animal con ayuda de las pistas? Todas las fotos salen en algún lugar de este libro. Cuando las encuentres, comprueba las respuestas al final de la página.

5.

¡Vivo en el bosque con el penacho de plumas más estiloso que hayas visto jamás!

6.

¡Soy una chiquitina presumida de ocho patas!

7.

¡Mírala, pero no toques mi hermosa y mortífera cabellera!

9.

Puedo vivir en tierra o en el agua, ¡y, si hace falta, incluso me sale una cola nueva!

8.

Soy un constructor incansable y me hago mi casa bajo el agua.

10.

Me encanta hacer posturitas para presumir de mis bonitas patas azules.

Respuestas: 1. Mariposa podalirio (pág. 187) **2.** Camello (pág. 23) **3.** Boa arcoíris (pág. 137) **4.** Pez lobo (pág. 160) **5.** Gura (pág. 95) **6.** Araña pavo real (pág. 37) **7.** Medusa melena de león (pág. 200) **8.** Castor (pág. 25) **9.** Tritón (pág. 147) **10.** Pájaro bobo de patas azules (pág. 96).

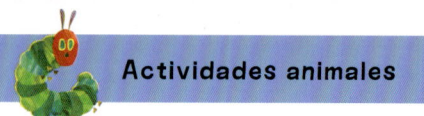

¡Qué locura de criatura!

¿Qué tenemos aquí? ¡Parece el animal más extraordinario del mundo! Pero fíjate bien… se trata de un revoltijo de cinco animales reales. A ver si puedes encontrarlos a todos.

¿Puedes emparejar las partes del cuerpo de este animal con los cinco animales que aparecen?

1.

3.

Respuestas:
1: Aletas de pez dorado
2: Astas de ciervo
3: Cola de zorro
4: Cuerpo de camaleón
5: Patas y alas de flamenco

2.

4.

5.

Flamenco

Zorro

Camaleón

Ciervo

Pez dorado

Dragón

En las leyendas europeas, el dragón volador escupefuego provocaba el miedo y el caos, pero en Asia los dragones con forma de serpiente, como este, son un símbolo de buena suerte.

Criaturas míticas

Las páginas de los libros de cuentos están llenas de criaturas mágicas y monstruosas. Muchas de ellas son antiguas leyendas transmitidas de generación en generación durante siglos, pero están fuertemente enraizadas en el reino animal real.

Kraken

Cuidado con los tentáculos gigantescos que salen serpenteando del mar. Se creía que este monstruo marino noruego era capaz de volcar barcos ¡para devorar a los marineros que iban a bordo!

Fénix

En las leyendas antiguas, esta ave crecía, moría y volvía a nacer de las cenizas de un fuego. El nuevo fénix que alzaba el vuelo era un símbolo de esperanza y de vida eterna.

Cerbero

En la mitología griega, este perro de tres cabezas y cola de serpiente vigilaba la puerta del inframundo y se aseguraba de que los muertos no se escaparan.

Unicornio

El unicornio es un caballo blanco como la nieve con un cuerno que le sale de la frente. Cuenta una leyenda que si el unicornio mete el cuerno en el agua, esta se purifica instantáneamente.

Grifo

A esta criatura, que tenía el pico y las alas de un águila y el cuerpo de un león, se la describía como más poderosa que doce águilas y más peligrosa que una manada de leones.

Test animal

Has leído el libro y has conocido a los animales. Ahora, pon a prueba tu cerebro para ver qué has aprendido. ¡Buena suerte!

1. ¿En qué se convierte un renacuajo?

a) Un pez
b) Una rana
c) Un tigre
d) Un príncipe

2. ¿Cómo se llama la zona más profunda del mar?

a) Zona de medianoche
b) Zona hadal
c) Zona de no vayas
d) ¡Qué frío!

3. ¿Qué animal vive un tiempo récord de 2300 años?

a) Tiburón de Groenlandia
b) Tortuga gigante
c) Cachipolla
d) Esponja barril gigante

4. Tú tienes siete huesos en el cuello, pero ¿cuántos tiene una jirafa?

a) Ninguno
b) 7
c) 25
d) 70

5. ¿Qué felino peludito puede saltar 15 veces su propia longitud?

a) Gato casero
b) León
c) Leopardo de las nieves
d) Guepardo

6.

¿Cómo se llama el mamífero que lleva a su cría dentro de una bolsa en la barriga?

a) Roedor
b) Invertebrado
c) Anfibio
d) Marsupial

7. ¿Qué pasa en la isla de Navidad?

a) La gente deja puesto el árbol de Navidad durante todo el año
b) Papá Noel vive allí
c) Los cangrejos rojos migran al mar
d) Es donde vive el dragón de Komodo

8. ¿Qué criatura imita a otros 13 animales?

a) Abeja melífera
b) Mantarraya gigante
c) Panda gigante
d) Pulpo imitador

9. ¿Qué grupo de seres vivos es tan grande que puede verse desde el espacio?

a) Una familia de ballenas azules que acaban de almorzar
b) Una manada de elefantes africanos
c) La Gran Barrera de Coral
d) Las mariposas monarca migrando

10. ¿Qué almacena la joroba de un camello?

a) Grasa
b) Limonada
c) Agua
d) Leche

Respuestas: 1. b; 2. b; 3. d; 4. b; 5. c; 6. d; 7. c; 8. d; 9. c; 10. a.

Glosario

Acuático
Palabra que describe al animal o planta que pasa todo o la mayor parte de su tiempo dentro del agua.

Anfibios
Grupo de animales de sangre fría que pueden vivir tanto en el agua como en tierra firme.

Aparearse
Cuando el macho y la hembra de un animal copulan y tienen descendencia.

Aves
Grupo de animales de sangre caliente que salen de un cascarón, que tienen pico y plumas y que, generalmente, pueden volar.

Camuflaje
El color o el dibujo de la piel, el pelaje o las escamas de un animal que le ayudan a esconderse en su hábitat natural.

Cánido
Palabra que se usa para describir a cualquier miembro de la familia del perro.

Capullo
El caparazón duro que le sale a la larva de la polilla durante el proceso de metamorfosis.

Carnívoro
Animal que solo come carne.

Carroñero
Animal que se alimenta de animales muertos, a veces robándoselos a los depredadores.

Cartílago
Material duro pero flexible del que está formado el esqueleto de algunos animales, como los tiburones y las rayas.

Crisálida
El caparazón duro que sale alrededor de la larva de una mariposa durante la metamorfosis. También se le llama pupa.

Depredador
Animal que sobrevive cazando a otros animales para comérselos.

De sangre caliente
Describe al animal que puede controlar su temperatura corporal.

De sangre fría
Describe al animal que no controla su temperatura corporal.

Ecolocalización
Una manera de utilizar los reflejos del sonido (ecos) para localizar a una presa. Los murciélagos y los delfines utilizan la ecolocalización.

Exoesqueleto
Esqueleto duro en el exterior del cuerpo de un invertebrado.

Extinto
Cuando un tipo de animal desaparece, de manera que no queda ninguno en la Tierra.

Félido
Palabra que se usa para describir a cualquier miembro de la familia del gato.

Hábitat
El lugar natural en el que vive un animal o una planta.

Herbívoro
Animal que solo come plantas.

Invertebrado
Palabra que describe a un animal sin columna vertebral.

Larva
Animal joven que no se parece en nada a su versión adulta. Una oruga es la larva de una mariposa.

Mamíferos
Grupo de animales de sangre caliente cuyo cuerpo está cubierto de pelo o de pelaje. Las madres producen leche para alimentar a sus crías.

Marsupiales
Un tipo de mamíferos cuyas hembras transportan a sus crías en una bolsa en la barriga.

Metamorfosis
Transformación total que sufren algunos animales al pasar de cría a adulto. Los renacuajos se transforman en ranas a través de la metamorfosis.

Migración
Viaje de larga distancia que hacen algunos animales para encontrar comida, una pareja o un clima más cálido.

Nocturno
Palabra que describe al animal que está activo solo de noche.

Omnívoro
Animal que come tanto carne como plantas.

Peces
Grupo de animales, en su mayoría de sangre fría, que viven en el agua y que generalmente están recubiertos de escamas.

Prehistórico
Palabra que describe tiempos remotos, antes de que la gente escribiera y llevara un registro de las cosas que sucedían.

Presa
Animal que es cazado por otro animal para alimentarse. Los animales pueden ser las dos cosas, depredadores y presas.

Primates
Grupo de mamíferos que incluye a los simios, los lémures, los monos y a los seres humanos.

Pupa
El caparazón duro que le sale a la larva de una mariposa durante la metamorfosis. También se le llama crisálida.

Queratina
La sustancia de la que se componen las garras, el pelo, las pezuñas, las uñas y las escamas de un animal.

Reptiles
Grupo de animales de sangre fría que salen de un huevo y están recubiertos de escamas o de placas óseas.

Sabana
Área enorme de pastizales tórridos y planos con muy pocos árboles.

Templada
Palabra que describe una zona donde el clima no es caluroso ni frío.

Vegetariano
Palabra que describe a animales o personas que solo comen plantas.

Vertebrado
Animal con columna vertebral y esqueleto en el interior del cuerpo.

Índice

Índice

El mundo de Eric Carle alimenta el amor de los niños por leer y aprender, fomentando el juego imaginativo y la exploración. Con la confianza de padres, profesores y bibliotecarios, y el cariño de generaciones de niños de todo el mundo, *La oruga muy hambrienta* y el resto de los libros del autor cobran vida en páginas y productos llenos de color creados para inspirar a las mentes más ávidas. Eric Carle es un autor aclamado y querido por sus ilustraciones brillantes y sus diseños innovadores. Ha ilustrado más de 70 libros, de los que, en la mayoría de los casos, ha sido también el autor de los textos, que han sido grandes éxitos de ventas, ya que se han vendido más de 170 millones de ejemplares en todo el mundo. *Mi primera enciclopedia de animales* introduce a los alumnos de primaria en los temas principales de los animales y sus hábitats.

Agradecimientos

DK quiere agradecer a: Syed Md Farhan su asistencia en el diseño y la maquetación; **Vagisha Pushp, Bilal Ahmad y Manpreet Kaur** su ayuda en la documentación gráfica; **Caroline Hunt** la revisión; y **Helen Peters** el índice.

Los editores agradecen a los siguientes su amable permiso para la reproducción de sus fotografías:

(Clave: a: arriba; b: bajo/debajo; c: centro; d: derecha; e: extremo; i: izquierda; s: superior)

1 123RF.com: Pavlo Vakhrushev (sc). **Dreamstime.com:** Isselee (cia, ad). **6 Getty Images / iStock:** Dunning Imagery (ca). **7 Alamy Stock Photo:** Scenics & Science (cda). **Getty Images / iStock:** BanksPhotos (sc). **9 Dreamstime.com:** Andreykuzmin (2/sd); Natika (sd); Vikrant Deshpande (ca). **10 Dreamstime.com:** Yiu Tung Lee (c); Photographyfirm (cd). **Getty Images / iStock:** Searsie (ci). **11 Dreamstime.com:** Viacheslav Dubrovin (cd); Jordan Tan (ci); Thomas Lenne (c). **Getty Images / iStock:** E+ / lindsay_imagery (si). **12 Getty Images / iStock:** stanley45 (c). **13 Alamy Stock Photo:** Anne Coastey (bi); Nature Picture Library (bc). **Getty Images / iStock:** Savany (bd). **naturepl.com:** Gavin Maxwell (si). **14 Alamy Stock Photo:** Mark Conlin (cdb). **15 Alamy Stock Photo:** Blue Planet Archive (bd); Adisha Pramod (cb). **Dreamstime.com:** Viacheslav Dubrovin (sd). **16 Dreamstime.com:** Leo Malsam (bd); Natador (bi); Patricia Dubbeldam Wezel (bc). **17 Alamy Stock Photo:** Rosanne Tackaberry (bd). **Dreamstime.com:** Jmrocek (bc); Miladrumeva (bi). **18 Dreamstime.com:** Kairi Aun (bc); David Steele (bi); Tarpan (bd). **19 Dreamstime.com:** Joan Egert (sd); Isselee (si); Hedrus (sc). **20 Alamy Stock Photo:** Nature Picture Library / Solvin Zankl (bi). **Getty Images / iStock:** BanksPhotos (sd). **21 Alamy Stock Photo:** Wildlife / Robert McGouey (si). **Dreamstime.com:** Andreanita (bd). **22 Getty Images / iStock:** E+ / Gerald Corsi (bi). **22-3 Dreamstime.com:** Stu Porter (s). **23 Dreamstime.com:** Ongchangwei (sd); Stedata (bc). **Getty Images / iStock:** Guillaume Regrain (bd). **naturepl.com:** Ingo Arndt (cia). **24 Alamy Stock Photo:** Kenebec Images / Val Duncan (bd). **Dreamstime.com:** Gordon Tipene (bc). **Getty Images / iStock:** Bazilfoto (bi). **25 Alamy Stock Photo:** Joe Blossom (bd). **Dorling Kindersley:** Wildlife Heritage Foundation, Kent, GB (cdb). **Dreamstime.com:** Joycemarrero (bi); Kcmatt (cda). **26 Dreamstime.com:** Jmrocek (sd). **Getty Images / iStock:** GoDogPhoto (ci). **27 Dreamstime.com:** Michel Arnault (cda); Itor (b). **28 Dreamstime.com:** Atalvi (bi). **29 Alamy Stock Photo:** Nature Photographers Ltd / PAUL R. STERRY (bi); Scenics & Science (cdb). **Getty Images / iStock:** Dunning Imagery (cda). **30 Dreamstime.com:** Planetfelicity (cb). **31 Alamy Stock Photo:** Adisha Pramod (bc); Mike Robinson (cdb). **Shutterstock.com:** Annmarie Young (cda); Shahar Shabtai (cb). **35 Dreamstime.com:** Lianquan Yu (bi). **36 Dreamstime.com:** Michael Smith (bc). **Getty Images / iStock:** reptiles4all (bd). **37 Alamy Stock Photo:** BIOSPHOTO / Adam Fletcher (bi). **Dreamstime.com:** Stormcastle (bc). **38 Dreamstime.com:** Hannah Babiak (ca); Slowmotiongli (cia); Photographerlondon (cda); Natalia Bubochkina (bc). **39 Dreamstime.com:** Volodymyr Byrdyak (ca); Chdecout (cia). **naturepl.com:** Steve Gettle (cda). **40 Alamy Stock Photo:** WaterFrame_fba (sd). **Dreamstime.com:** Wayan Sumatika (sd). **41 Alamy Stock Photo:** Nature Picture Library / Michael D. Kern (cda). **42 Dreamstime.com:** Irina Orlova (bd). **43 Dreamstime.com:** Jmrocek (sd). **44 Getty Images / iStock:** JHVEPhoto (sd). **45 Alamy Stock Photo:** Colin Marshall (cdb). **Dreamstime.com:** Ndp (ci). **46 Getty Images / iStock:** s-cphoto (cia). **47 Alamy Stock Photo:** Minden Pictures / Kevin Schafer (cda). **48 Dreamstime.com:** Goce Risteski (cia). **49 Alamy Stock Photo:** Blickwinkel / Schmidbauer (cd). **Dreamstime.com:** Positive Snapshot (cda); Lukas Vejrik (cdb). **51 Dreamstime.com:** Jeffrey Banke (cb); Lynn Watson (bc); Daniel Bellhouse (bc). **52 Alamy Stock Photo:** Tierfotoagentur / m.blue-shadow (cd). **52-3 Getty Images:** Stone / Ignacio Palacios (s). **53 Getty Images / iStock:** Hannes Lochner (cib). **54 Getty Images / iStock:** s-cphoto (ci). **55 Dreamstime.com:** Johan Reineke (cib). **Getty Images / iStock:** Andyworks (sd). **56 Alamy Stock Photo:** Minden Pictures / Kevin Schafer (bi). **Dreamstime.com:** Eric Gevaert (bd). **57 Alamy Stock Photo:** Chris Craggs (bi). **Dreamstime.com:** Edwin Butter (bd). **58 Getty Images / iStock:** E+ / DmitryND (bi); E+ / HuntedDuck (bc). **59 Dreamstime.com:** Simon Eeman (bc); Julian W (bi). **Getty Images / iStock:** E+ / serengeti130 (si). **61 Alamy Stock Photo:** Amar and Isabelle Guillen - Guillen Photo LLC (c). **Dreamstime.com:** Volodymyr Byrdyak (sd); Lucaar (cia); Pär Edlund (1/ca); Ondřej Prosický (cda); Sorin Colac (sc). **Getty Images:** Moment / Arun Roisri (ci). **Getty Images / iStock:** ytwong (ca). **63 Depositphotos Inc:** 2630ben (cia). **Dreamstime.com:** Ecophoto (bi); Anke Van Wyk (sc). **64 Dreamstime.com:** Joanne Eastope (cdb); Yodke67 (sd); Stu Porter (cib). **Getty Images:** EyeEm / Nurdin Nurdin (cb). **65 Dreamstime.com:** Bennymarty (cib); Adam Edwards (cb). **Getty Images:** Moment / Wokephoto17 (cdb). **67 Dreamstime.com:** Maurizio Camerin (ca); Janian Mcmillan (cia). **Getty Images / iStock:** Stockbyte / Tom Brakefield (cda). **70 naturepl.com:** Eric Baccega (ci); Klein & Hubert (sd). **71 Alamy Stock Photo:** PA Images / Andrew Milligan (bc). **Dreamstime.com:** Gnomeandi (bi). **naturepl.com:** Mark Carwardine (ci). **72 Dreamstime.com:** Hotshotsworldwide (ci). **73 Alamy Stock Photo:** Rick & Nora Bowers (cib). **Dreamstime.com:** Bernhard Richter (cia). **74 Alamy Stock Photo:** Reinhard Dirscherl (bc). **75 Alamy Stock Photo:** Rolf Hicker Photography (si). **Dreamstime.com:** Mirage3 (cd). **76 Alamy Stock Photo:** Gon2Foto / Richard Mittlema (ci). **79 Alamy Stock Photo:** blickwinkel / M. Woike (cda); Steve Bloom Images / Joe McDonald (bc). **Getty Images:** Moment / Nicolas Reusens (ci). **Science Photo Library:** Merlintuttle.org (c). **80 Getty Images / iStock:** Aaprophoto (cib). **Getty Images:** EyeEm / Christina Shaskus (cdb). **81 Getty Images / iStock:** FRANKHILDEBRAND (cdb); photos_martYmage (cib). **Getty Images:** Moment / Picture by Tambako the Jaguar (sd).

83 Dreamstime.com: David Dirga (si); Lesya Marchuk (bi); Miroslav Hlavko (bc); Edurivero (bd). 86 Dreamstime.com: Ziga Camernik (ca); Flownaksala (cda). 87 Getty Images / iStock: Equilibrium99 (cda). 89 Dreamstime.com: Photowitch (bd). Getty Images / iStock: E+ / 4FR (cda). 90 123RF.com: Corey A Ford (ca). 91 Dreamstime.com: Jolanta Dabrowska (cdb); Richard Espenant (sc); Zuzana Randlova (cda); Torikell (cd). 92 Alamy Stock Photo: Michael Fritzen (bi). Dreamstime.com: Gabe9000c (bc); Liam O Hara (bd). 93 Dreamstime.com: Jillian Cain (bd); Kojihirano (bi); Dee Carpenter (bc). 95 Alamy Stock Photo: Nature Picture Library / Tui De Roy (bc). Dreamstime.com: Riverrail (cd). 96 Dreamstime.com: Ken Griffiths (bc). Getty Images / iStock: E+ / guenterguni (bi). 97 Dreamstime.com: Johannes Gerhardus Swanepoel (bc). Getty Images / iStock: CraigRJD (bi). 98 Dreamstime.com: Malgorzata Morawska (cd). 99 Dreamstime.com: Rinus Baak (cda, bd). 101 Dreamstime.com: Daniel Budiman (si); Sahatdreams (bi). Getty Images: Moment / Michele D'Amico supersky77 (cdb). 103 Dreamstime.com: Ziga Camernik (1/ci); Prapass Wannapinij (cd); Theohrm (1/cd); Nikita Maykov (ci); Vasyl Helevachuk (bi); Isselee (bc). Getty Images / iStock: Bebedi (ca). 104 Alamy Stock Photo: Paul Miguel (bd). 105 Alamy Stock Photo: David Tipling Photo Library / David Tipling (cia); John Warburton- Lee Photography / Nigel Pavitt (bd). Dreamstime.com: Sander Meertins (ca). Getty Images / iStock: THEGIFT777 (ca). 107 Alamy Stock Photo: FLPA (si). Dreamstime.com: Awcnz62 (cda); Corners74 (cd); Flownaksala (ci). Getty Images: Moment / Darwin Fan (cdb). 108 Dreamstime.com: Wayne Marinovich (bc); Oleg Troino (bd). 109 Getty Images / iStock: Johnson Martin (sc). 110 Dreamstime.com: Igor Batenev (cda). 111 Dreamstime.com: Liam Gutierrez Huamani (sd). Getty Images / iStock: Equilibrium99 (cd); Manakin (i). 112 Dreamstime.com: Javarman (sd); Vladimir Seliverstov (sc); Alexey Sedov (i/cda). 113 Alamy Stock Photo: Pictures / Otto Plantema / Buiten-beeld (ci). Dreamstime.com: Inaras (sc); Tarpan (cda, bd). 115 Alamy Stock Photo: L. Kurtze (sd); Nature Picture Library / Alex Mustard (bd). Dreamstime.com: Frank Fichtmueller (csb); Johncarnemolla (cib). Getty Images: The Image Bank / Oliver Strewe (cb). 116 Dreamstime.com: Jgade (sc); Matthijs Kuijpers (cib). 117 Getty Images / iStock: anankkml (cda). 118 Getty Images / iStock: Mark Kostich (ca). 119 Dreamstime.com: Leonello Calvetti (cda). Getty Images / iStock: Jarib (cdb). 120 Dreamstime.com: Ozflash (bd). 121 Dreamstime.com: Tjkphotography (sc). Getty Images / iStock: anankkml (bd). 122 Dreamstime.com: Beautifulblossom (bi); Zachzimet (bd). 123 Alamy Stock Photo: Minden Pictures / Ch'ien Lee (bi). Dreamstime.com: Tarpan (cia). Science Photo Library: Nature Picture Library / Bence Mate (bd). 125 Dreamstime.com: Andrey Gudkov (bd); Robin Winkelman (si). Shutterstock.com: reptiles4all (sd). 126 Dreamstime.com: Isonphoto (cib); Jay Pierstorff (sd). naturepl: John Cancalosi (cdb). 127 Dreamstime.com: PeterWaters (sd). Getty Images: Stone / Paul Starosta (si). 129 Shutterstock.com: AP / Frank Glaw (bc). 131 Alamy Stock Photo: Design Pics Inc / Keith Levit (cda). 132 Alamy Stock Photo: Michelle Gilders (bc). 133 Alamy Stock Photo: Scubazoo (bc). Dreamstime.com: Jdazuelos (bi). 135 Alamy Stock Photo: Nature Picture Library / MYN / Gil Wizen (bc). Dreamstime.com: Adogslifephoto (sc); Amwu (ci); Matthijs Kuijpers (cdb). Getty Images / iStock: RibeirodosSantos (cda). 136

Alamy Stock Photo: John Cancalosi (cdb). 137 Alamy Stock Photo: Minden Pictures / Thomas Marent (sc); WaterFrame_fba (sd). Getty Images / iStock: Agus Fitriyanto (si); Sstaton (bd). 138 Dreamstime.com: Alexander Shalamov (sd). Getty Images / iStock: foryouinf (cd). naturepl. com: Daniel Heuclin (c). 139 Alamy Stock Photo: Andrew Newman Nature Pictures (sd); Geordie Torr (cd). Dreamstime.com: Tjkphotography (c); Aekkaphum Warawiang (ci). 141 Dreamstime. com: Isselee (sc); Jgade (1/sc); Verastuchelova (bs). naturepl.com: Todd Pusser (bc). 142 Alamy Stock Photo: Eyal Bartov (cia). 143 Alamy Stock Photo: Bel (cdb). Getty Images / iStock: pjmalsbury (cd); Michel VIARD (cd). 144 Alamy Stock Photo: Zoonar GmbH / DiKKY_O (bc). 145 Alamy Stock Photo: Design Pics Inc / Thomas Kitchin & Victoria Hurst (bc). 146 Alamy Stock Photo: DP Wildlife Vertebrates (sd). 147 Alamy Stock Photo: Roberto Nistri (sd). Dreamstime. com: Isselee (bd); Henk Wallays (cb); Voislav Kolevski (cdb). Getty Images: Moment / Pedro H. Bernardo (bi). 149 Alamy Stock Photo: Scenics & Science (sd). Dreamstime.com: Lunamarina (cia). 150 Alamy Stock Photo: Buiten-Beeld / Ron Offermans (bd). Getty Images / iStock: Andrea Izzotti (bc). 151 Alamy Stock Photo: Minden Pictures / Fred Bavendam (cd); SeaTops (bd). Dreamstime.com: Mirkorosenau (cda). 152-3 Dreamstime.com: Tennesseewitney (s). 152 Dreamstime.com: Lunamarina (cib). 153 Dreamstime.com: Fedbul (bd); Oreena (bi); Mirecca (cd); Tazdevilgreg (cdb). 154 Getty Images / iStock: frameyazoo (bc). 154-5 Getty Images / iStock: Placebo365 (b). 155 Alamy Stock Photo: Nature Picture Library / Alex Mustard (bc). Dreamstime.com: Bennymarty (ca); Corey A Ford (sd). 156 Alamy Stock Photo: BIOSPHOTO / Gerard Soury (bc). Dreamstime.com: Andrey Gudkov (bi). 157 DESCNA: (bi). Dreamstime. com: Hbuchholz (si) naturepl.com: David Shale (sd). 158 naturepl.com: Brandon Cole (c). 159 Dreamstime.com: Maria Dryfhout (sc). Getty Images: Premium Archive / Field Image Library (bc). 160 Alamy Stock Photo: WaterFrame_fba (bi). 161 Dreamstime.com: Jakkapan Prammanasik (cda). 163 Alamy Stock Photo: Minden Pictures / Norbert Wu (ca); VWPics / Kelvin Aitken (cd); Nature Picture Library / David Shale (bd). 164 Alamy Stock Photo: Joe Austin Photography (bc). 164-5 Alamy Stock Photo: Biswa1992 (b). 165 Alamy Stock Photo: Minden Pictures / Stephen Dalton (sd). naturepl.com: Piotr Naskrecki (bc). 166 Getty Images: Photodisc / Mark Webster (sd). 167 Dreamstime.com: Irko Van Der Heide (cda); Wrangel (cdb). naturepl.com: Georgette Douwma (cib). 169 Dreamstime.com: Wrangel (cib). Getty Images: Moment / Douglas Sacha (cdb). 171 Alamy Stock Photo: imageBROKER / Norbert Probst (cda). Getty Images: Moment / by wildestanimal (cda). 172 Alamy Stock Photo: Stephen Frink Collection / Stephen Frink (cda). 173 Alamy Stock Photo: imageBROKER / . / . (si); Nature Picture Library / GEORGETTE DOUWMA (c). Dreamstime.com: Bin Zhou (cda). 175 Alamy Stock Photo: blickwinkel / F. Hecker (cda). 176 Alamy Stock Photo: Scenics & Science (cib). 178 Dreamstime.com: Andrey Burmakin (si). 179 Dreamstime.com: Filip Fuxa (bd). Getty Images / iStock: Kaphoto (sc). 180 123RF.com: Andrzej Tokarski (cib). Getty Images / iStock: Kaphoto (bi). 181 Getty Images: 500Px Plus / Leighton Lum (cda). Getty Images / iStock: Delpixart (bd); vojce (cd); Irina Kulikova (cdb). 183 Dreamstime.com: Icefront (si). 184 Getty Images / iStock: Backiris (sd). 185 Dreamstime.com: Andrey Burmakin (bd). 186 Dreamstime.com: Isselee (cda). 187 Dreamstime.com: David Burke (cia); Filip Fuxa (si);

Jens Stolt (sc); PeterWaters (sd); Isselee (cda). 189 Dreamstime.com: Dariusz Szwangruber (bd). 190 Dreamstime.com: Tomatito26 (bc). 191 Alamy Stock Photo: FLPA (bc); Ivan Kuzmin (si); K.D. Leperi (bi). Dreamstime.com: Leonidikan (cda). Getty Images / iStock: ebettini (cd). 193 Dreamstime.com: Artushfoto (bd); Dwi Yulianto (sc); Dannyphoto80 (bi). 195 Dreamstime.com: Claffra (bd); Roberto Junior (cia); JustNatureChannel (cib). naturepl.com: Nature Production (sd). 196 Dreamstime.com: Ara Pintos (bi). 197 Dreamstime.com: Aquanaut4 (cda). Getty Images: Corbis / Hal Beral (cd); Stocktrek Images / Ethan Daniels (cdb). 198 Dreamstime.com: John Anderson (bi). 198-9 Getty Images / iStock: Yisi Li (b). 199 Dreamstime.com: Chirawan (bc); Tan Kian Yong (sc). 200 123RF.com: Pavlo Vakhrushev (ci). Getty Images / iStock: Warren A Metcalf (cib). naturepl.com: Shane Gross (cia). 201 Alamy Stock Photo: Nature Picture Library / Pascal Kobeh (bi). Dorling Kindersley: Natural History Museum, Londres / Colin Keates (cdb); Linda Pitkin (bd, bc). 202 Dreamstime.com: Wessel Cirkel (cia); Sergey Skleznev (cd). 203 Alamy Stock Photo: Nature Picture Library / Sue Daly (bc). 204 Dreamstime.com: Luis Leamus (cda); Duncan Noakes (cd). 205 naturepl.com: Oceanwide / Gary Bell (cia). 206 Alamy Stock Photo: Ray Wilson (c). Dreamstime.com: Luis Leamus (bi); Duncan Noakes (cda) 207 Getty Images / iStock: June Jacobsen (bi) naturepl.com: Oceanwide / Gary Bell (cda) 209 Alamy Stock Photo: A ROOM WITH VIEWS (cia). 210-1 Dreamstime.com: Riverrail (s). 210 Alamy Stock Photo: Minden Pictures / Thomas Marent (ci); WaterFrame_fba (c). Dreamstime.com: David Burke (si); Stedata (sc). 211 Alamy Stock Photo: BIOSPHOTO / Adam Fletcher (sc); Joe Blossom (cda). Dreamstime.com: Isselee (bi). Getty Images / iStock: E+ / guenterguni (cdb); Warren A Metcalf (c)

Imágenes de la cubierta: Cubierta frontal: 123RF.com: Pavlo Vakhrushev sc; Dreamstime. com: Isselee bd, cia;

Contracubierta: Dreamstime.com: Filip Fuxa cia, Mirecca cda

Resto de las imágenes © Dorling Kindersley